穴, 人子須智

혈, 인자수지

穴, 人子須智 혈, 인자수지

초판 1쇄 인쇄일 2020년 5월 2일
초판 1쇄 발행일 2020년 5월 9일

지은이 이재영
펴낸이 양옥매
디자인 임흥순 임진형
교   정 조준경

펴낸곳 도서출판 책과나무
출판등록 제2012-000376
주소 서울특별시 마포구 방울내로 79 이노빌딩 302호
대표전화 02.372.1537   **팩스** 02.372.1538
이메일 booknamu2007@naver.com
홈페이지 www.booknamu.com
ISBN 979-11-5776-877-6 (03180)

이 도서의 국립중앙도서관 출판예정도서목록(CIP)은
서지정보유통지원시스템 홈페이지(http://seoji.nl.go.kr)와
국가자료종합목록시스템(http://www.nl.go.kr/kolisnet)에서
이용하실 수 있습니다. (CIP제어번호: CIP2020015440)

穴, 人子須智

혈, 인자수지

책과나무

머리글

이 책은 풍수에 관한 여러 사람들을 위해 작성됐다. 풍수 공부를 많이 해서 풍수를 너무도 쉽게 생각하는 사람, 학교에서 강의를 하는 사람, 특히 많은 양의 강의를 하거나, 강의를 오래도록 했지만 혈보다는 4신사로 강의를 하는 사람, 풍수는 바람과 물이라 하여 4신사와 물만 설명하는 사람, 풍수는 용맥이 좋아야 한다면서 백두산부터 용맥을 설명하는 사람, 명당이라고 하면서 4신사를 빗대어 설명하는 사람, 청룡과 안산이 좋다고 하면서 설명하는 사람 등 이루 헤아릴 수 없이 많지만, 한 번이라도 선익을 보지 못한 사람들이라면 반드시 이 책을 읽을 필요가 있다. 그러한 사람들은 혈에 대한 설명이 없고, 선익을 한 번이라도 보지 아니하였기 때문에 이 책을 읽어 보아야 한다는 것이다.

혈은 혈증으로 말한다. 혈증은 5악으로, 필자는 한 발 더 나아가 6악을 강조한다. 5악의 분류는 혈을 찾아내는 방법론이다. 그들은 와혈·겸혈·유혈·돌혈의 4상에 의한 5악이며 혈상의 세부적인 세분류의 종류로서 3성, 선룡과 선수, 입혈맥, 혈격, 1분합, 음중양과 양중음, 여기, 물길 수, 양득양수, 설기, 심장과 천장, 종선과 횡선, 수직에 의한 재혈과 수평에 의한 장법들이다.

이를 세목으로 구분하면 5악 등 6악은 입수·입혈맥·전순·양 선익·혈 등 6가지이며, 3성은 귀성·관성·요성이며, 4상은 와혈·겸혈·유혈·돌혈이며 보다 세 세목하면 와혈에는 협와와 활와 심와와 천와로 구분되며, 겸혈에는 직겸과 곡겸 장겸과 단겸으로, 유혈에는 장유와 단유로 대유와 소유로 나누이며, 돌혈은 대돌과 소돌 평돌과 산돌로 구분된다. 선룡과 선수는 좌선룡에 우선수인지 좌선수인지를, 입혈맥의 존재, 혈격은 5격과 8격, 25격으로, 1분합은 상분과 하합의 유무, 혈은 음중 양인지 양중 음인지 여부, 여기와 설기의 존재는, 물길 수, 혈심의 깊이, 혈의 종선과 횡선, 이에 따른 재혈 등이다.

이처럼 혈 하나만 봐도 단순하지는 않고 복잡한 듯하다. 혈에 대한 설명이 강의실이든, 현장이든지 간에 설명이 있어야 한다. 그러하지 아니하고 4신사 강의나 물에 관한 강의, 좌향론에 대한 강의, 용·혈·사·수·향 전반에 관한 내용에 대해 강의를 하는 경우는 오랜 세월이 흘러도 혈에 대한 해결책은 요원하다. 그러므로 혈증 위주의 공부는 위와 같은 방법으로 설명되고 공부해야 만 한다. 혹자는 다량의 공부로 용·혈·사·수·향 전체에 대해 요구하는 경우도 있어 조금은 혼란스럽다. 그러나 올바르게 공부를 하고자 한다면 혈증 위주로 하는 것이 시간을 절약하는 차원에서도, 쉽게 혈을 접하는 것에서도 도움이 되리라 생각된다.

저술을 아무리 많이 해도 혈에 대한 내용이 빈약하거나 정곡을 찌르지 못하면 정혈은 영원히 말짱 도루묵이다. 또한 풍수 논문이 산더미같이 쌓여 많은 실적이 생산되고 자랑하더라도 혈에 관한 논문이나 책이 아니면, 수박을 깨지 못하고 겉만 먹어 보는 것과 같다. 수박이 아무리 많아도 열어서 맛을 봐야 수박에 대한 미각 감평이 되듯이, 수박 껍질만 맛보고는 감평의 논리는 무의미하다. 이처럼 많은 편수의 서책이나 논문이 아무리 많다 한들 혈에 관한 내용이 아니면 수박 껍질을 맛보는 것과도 같은 의미이며, 나무의 가지인 곁가지만 탓하는 것과 무엇이 다른가? 풍수인은 이 점을 깊이 깨달아야 할 것이다. 한 편을 쓰더라도 혈에 대한 분석이 되어야 한다는 말이다. 특히 용·사·수·향을 제외한 혈에 대한 내용과 감평이 되어야 함을 거듭 밝히는 바이다.

따라서 풍수 술사나 풍수학자나 풍수 공부를 진정으로 하고자 하는 자는 한 번쯤 이 책을 보고 생각해야 될 것이다. 왜냐하면 인간의 최고 최선의 목적은 건강과 행복인데, 혈을 찾아 장사 지내면 이 2가지가 해결되기 때문이다.

그다음은 개인적으로 미안한 사람을 언급하고 싶다. 몇 년 전 관산지에서 'j'자의 원리를 이해하고자 하면서의 일이다. 이자는 30년 지기 풍수인으로 조상을 4천5장한 인물이다. 그러나 풍수의 발복을 핑계로 여러 차례 이장을 하였으나 가산이 엉망이 됐다. 이런 연후로 'j'자와 특히 선익 등을 이해하고 나서는 30년 지기 풍수인의 안내로 그의 선산에 임해 현장을 나의 논리로 설명했다. 그곳은 'j'자에 의한 선익이 있는 곳이었다. 이렇게 관산을 한 후 3일 만에 그자가 장비를 동원해 그곳에 자리를 마련하고 나서 자식들에게 '마지막 가는 길'의 유언을 했다. 바로 그곳에서 둘 부부가 이곳에 묻어 주면 좋겠다고 한 연후에 운명을 달리했다. 이러한 내용이 필자와의 마지막 만남이다.

이에 따라 필자의 고민은 깊었다. '그곳을 그에게 말하지 않았어야 하는데….' 하는 죄책감 때문이었다. 이러한 실례는 그곳에 함께하는 군민들이 잘 알고 있다. 따라서 필자는 그 사람에게 그 장소를 말하지 않았더라면 그러한 일이 일어나지 않았을 거라고 후회하곤 했다. 혈이 한 사람의 운명을 마무리하는 계기가 되어 이에 대한 후회가 막급했다. 고인의 명복을 빈다.

차 례

VI 결과

VII 결론

Ⅰ /

혈의 이해

지혜를 알고 이해해야 실용학문이 되는데 아는 것에

그침은 계속적인 연결성이 떨어지므로 후손들에게 가르침이 보장되어야 한다.

이것이 바로 人子須智인 것이다.

이는 연계성의 암시가 있는 것으로, 후학을 지도하는 풍수인들은

人子須智의 지혜를 가지고 실용하여야 할 것이다.

1. 인자수지의 의미

(1) 人子須知

인자수지의 인자는 누구인가? 사람의 아들인가. 옥편을 통해 펼쳐 보면 이해가 된다. 인(人)은 사람을 의미한다. 자(子)는 '아들' 혹은 '종자'를 뜻하나, 여기서는 '종자' 혹은 '씨앗이'라는 의미로 쓰였다. 수(須)는 '모름지기'이다. 지(知)는 '아는 것'이다. 이 글자를 직역하면 '반드시 알아야 하는 사람의 종자'인 것이다. 따라서 인자수지는 풍수를 이해하는 데에 반드시 알아야 할 사람이다. 그 사람은 인간 세상에서 종자를 양산하는, 즉 씨앗을 뿌려 후손들에게 계속적으로 번식시키고 번창되도록 하는 인물이어야 함을 의미한다. 그렇다면 인자수지는 종자를 번식할 사람이 풍수를 반드시 알아야 할 의무적인 뜻이 된다.

그러나 여기에는 맹점이 있다. 인자수지(人子須知)는 본인은 알지만 후대들에게 연결됨이 없는 듯, 부족한 듯하다. 이는 현재(現在)에 만족하는 의미가 강한 것처럼 보인다. 인자수지(人子須智)에 비해 人子須知는 현재에 만족하고 머물고 있는 상태에 만족하는 것으로 생각된다는 것이다. 지혜를 알고 이해해야 실용학문이 되는데 아는 것에 그침은 계속적인 연결성이 떨어지므로 후손들에게 가르침이 보장되어야 한다. 이것이 바로 人子須智인 것이다. 그러므로 지혜를 모아 풍수적 후손을 양성하여 발전적인 '씨앗이'를 만들어야 한다는 사명감이다. 이는 연계성의 암시가 있는 것으로, 후학을 지도하는 풍수인들은 人子須智의 지혜를 가지고 실용하여야 할 것이다.

(2) 人子須智

인자수지(人子須智)는 人子須知의 知에 양인 해 '日'이 하나 더 붙어 있어 '지혜 지'로 풍수에 지혜가 들어가야 현명하게 풀어낼 수 있다는 의미이다. 인자수지는 현재와 미래를 개척하는 의미가 들어가는 개념이듯 혈을 알고 있으면 되는 것이 아니고, 지혜롭고 현명한 판단으로 계속적인 올바른 연구가 되어 후학들에게 가르친다는 의무적인 내용이 들어 있다는 것이다. 따라서 이 책의 서명을 『人子須智』로 정한 이유이기도 하며 『人子須智』는 혈을 아는 데에 그치는 것이 아니라, 지혜를 깨달아 가르쳐 주기 위한 서책이 되어 줄 것이다.

(3) '선익'의 귀함

풍수상 5악의 선익은 참으로 존귀한 존재이다. 선익은 혈의 첫 번째 증거요, 오래도록 공부한 풍수인들이라 할지라도 한 번도 구경한 적이 없이 연구한 자도 있다. 일부 혹은 대부분은 선익의 구성 자체도 모르고 풍수 여행을 평생 하는 자도 있다. 그렇게 세월을 보내면서도 본인이 최고의 고수인 양 떠들어 대는, 혹은 선익을 혼돈 속에 모르면서 강의를 하는 입장이 많이들 있기 때문이기도 하다.

이처럼 선익을 아는 사람의 입장에서는 현장에 임하면 혈을 구별하는 자와 이를 모르는 자는 금방 확인된다. 그럼에도 불구하고 목소리가 큰 사람의 주장이 인정되는 것이 현실이다. 이러한 이유로 선익을 한 번도 보지 못한 사람은 현장 사례지로 관산을 필히 하여야만 한다. 그래야만 선익의 위대함이 열려 풍수지리 혈에 대한 품격이나 가치가 인정될 것이다.

2. 혈 연구는 무한한가?

풍수지리의 혈을 알기란 쉽지 않다. 학문은 통상 10년이다. 일반적으로 10년의 이해는 대학교 학부 4년, 석사 과정 2-3년, 박사 과정 3년의 과정이 필요하다. 이런 과정을 거치면 그 분야의 학문은 이해된다고 본다. 그러나 풍수에 있어서 그러한 세월은 절반 정도의 시간이라고 보는 것이 대부분 풍수인의 생각이다. 아무리 세월이 흘러도, 혈 4상인 혈을 이해하는 데에는 모르거나 분명치 않다. 이러한 논리로 판단할 때 혈 연구는 쉽지 않다는 것이다. 그러나 혈 4상의 4악 5악 6악을 이해하면 그렇게 긴 세월이 필요할까? 아니다. '선익'만 안다면 혈은 해결되고, 될 것이리란 미래성을 가지기를 확신하는 바이다.

3. 四신사 연구

풍수지리 현장학습을 통해 관산을 하면서 지식이 함양된다. 관산자의 설명은 4신사가 대부분이다. 지금도 수시로 관산을 임해 설명을 들어 보지만 혈에 대한 이해는 부족하거나 아예 없다. 설명자는 혈이라고 하면서, 혹은 명당이라 하면서, 자리가 좋다고 하면서, 수맥과 기맥을 말하면서 설명하는 내용은 대부분 4신사다. 이렇게 관산을 10년이나 20년을 해도 풍수상 공부는 청룡, 백호, 주작, 현무가 대부분이다. 빨리 여기서 벗어나야 혈이 보이고 해결될 것이다.

4. 풍수 쉽게 접근하기

　사람이 어떤 것을 이해하기 위해서는 말이나 글보다는 그림이 쉽게 해석된다. 풍수 그림 또한 위와 같은 이치인 듯하다. 이러한 이유로 풍수 고전의 혈 4상인 그림과 근·현대에서 혈의 의미로 주장되고 포장된 5악의 그림을 이해코자 했다. 즉, 풍수지리 공부를 쉽게 하는 방법을 하고자 고민 끝에 그림으로 된 서책을 찾아 선택했다. 이 방법이 그래도 그런대로 비교적 쉽게 이해됐다.

　그러나 풍수는 현장이 항상 문제였다. 따라서 그림을 복사하고 이해를 한 후, 현장에 가서 그림책과 현장을 연결시키고자 애를 태웠다. 그러한 생각이 그런대로 의미가 있다고 본 것이다. 그래서 선택한 것이 풍수 고전(4상)이며 현대(5악)의 서책이다. 그림은 그런대로 풍수 해석을 하는 데에 있어서는 어느 정도 이해가 되었으며, 독자들의 이해도 도울 것으로 판단하는 이유나 목적이기도 하다. 이러한 이유가 그림을 선택하게 한 것이다.

5. 兩得兩派의 이해

　정음정양[1]에서 사용하는 양득양파(陽得陽派)와 음득음파(陰得陰派)와는 내용이 다르므로 착오가 없어야 하겠다. 득수는 많으면 많을수록 좋다고 하여 다 득이면 길하다고 평가한다. 그러나 파구는 1길로 나가야만 좋은 혈자리가 될 것이다.[2] 이에 대해 양득양파는 그럼 아주 나쁜가, 사용 불가인가에 대한 깊

1　정음정양의 양득양파(陽得陽派)와 음득음파(陰得陰派)와는 의미가 다르다. 陽坐는 양득양파로, 陰坐는 음득음파로 하는 것과는 의미가 다른 것으로 착오가 없어야 한다.

2　와혈의 경우이다. 겸혈·유혈·돌혈은 아닐 것이다. 그에 대한 내용은 다음 장에서 밝히겠다.

이 있는 연구가 따른다. 통상 풍수는 양득양파는 못쓰고, 양득1파만 좋다고 하여 가능하다고 하는데 이에 대한 연구는 의문으로 남아 있어 이해가 잘 되지 않는다. 이에 따라 연구의 필요성이 크게 의문시되어 제기되는 바이다.

6. 호리지차(毫釐之差)란 무슨 말인가

호리지차는 차이가 거의 없는 근소한 값을 의미하는 말인데, 그 실상은 차이가 있다는 말인가 싶다. 차이가 없다고는 하나 현실은 큰 문제가 있다는 것이다. 이렇게 말하는 이유가 무엇인가 하는 의문을 깊이 있게 풀어 보아야 할 것이다.

호리지차는 천리현격(千里懸隔) 혹은 천지현격(天地懸隔)이라고도 한다. 시작의 차이는 미미하지만 결과는 하늘과 땅 차이만큼 커서, 어긋남이 점점 더 커지는 결과로, 아니한 만 못하다는 결과론이다. 사실 이 내용은 맞는 것일까. 이론적인 풍수로 접근해서 알아볼 필요가 있을 것이다. 이는 처음의 실수는 얼마 되지 않는 것 같은데 시간이 흘러 오랜 시간이 누적되어 진행되면 될수록 그 피해는 커지므로, 처음부터 정확하게 차질이 없도록 하는 지혜가 필요하다는 취지의 내용인 듯하다. 이에 대한 의문과 이해의 부족 문제가 크게 대두되고 있어 이참에 연구를 하게 되었다.

7. 형국론으로 혈이 해결될까?

혈을 찾아내는 방법으로 형국이 가능할까? 찾을 수만 있다면 얼마나 좋겠는가에 대한 의문이 항상 있었다. 관산 시에 간혹 형국론을 말하는 사람이 많이 있어 관심을 두고 있었는데, 이런 말을 그럴듯하게 하지만 알고 보니 혈에 대한 답은 없고 형국뿐이었다. 이 형국론이 풍수에서 존재할 수 있을까에 대한 의문이다. 따라서 이에 대한 궁금증을 가지고 진행했다.

Ⅱ / 혈 4상과 5악에 의한
4상 그림 분석

동양의 혈 4상인 중국이나 우리나라의 혈 개념은
방법론상 세부적이며 더 발전적으로는 5악(6악) 등의 의미를 포함한다.
4상·5악의 그림이 어떻게 그림으로 변천되었는지를 비교 분석한 다음,
현실적으로 어떤 차이점이 있는지를 쉽게 이해하고
사용코자 하는 데 분석의 의미가 있다.

　서양의 묘지들은 대부분 화려하거나 건축적이며 죽은 자의 개념이 들어 있
다.[3] 이에 비해 우리의 묘지는 혈상에 의한 것이나 5악에 의한 특징이 있다는
것이 아주 큰 차이점이다. 동양의 혈 4상인 중국이나 우리나라의 혈의 개념은
종류와 세분류를 하기 위한 방법론상 세부적이며 더 발전적으로는 5악(6악) 등
의 의미를 포함하고 있다. 특히 가장 특징적인 내용은 혈의 진행을 막아 주는
역할의 전순이다. 전순은 현재 현장에서 혈이라고 하는 혈증의 기본으로 삼고
있는 가장 큰 차이이며 이유이기도 하다. 4상의 그림에서나 5악의 그림이 어
떻게 변천되었는지를 서책으로 먼저 비교 분석한 다음, 현실적으로 어떤 차이
점이 있는지를 쉽게 이해하고 앞으로 사용코자 하는 데 분석의 의미가 있다.

1. 혈 4상

　혈 4상은 풍수 고전에 처음 나타난 그림이다. 이 그림은 와혈·겸혈·유혈·
돌혈의 4종으로 나누어 그려졌다. 이것은 시대별로 나열된 4상의 그림을 보

3　이희인, 『세상은 묘지 위에 있다』, 바다출판사, 1919, pp.25-445.

고 혈에 대한 판단을 시도코자 한 것이다. 우선 풍수 고전에서 언급된 그림을 분석해 보면 전순이 없다는 것을 쉽게 알게 된다. 이는 혈과 입수, 좌우의 양 선익 등 4악만 있다는 것이다. 이에 대해 필자의 풍수 현장 점검 시간이 흘러 풍수는 발전적으로 나타났다. 그것이 5악이다. 5악은 혈 4상과는 차이가 난다. 가장 큰 차이점이 전순이 없다는 것이다. 즉, 풍수 고전에는 전순이 전혀 없는 반면에 발전된 지금의 서책에는 5악으로 전순이 있다는 것이다. 이것이 고전과 서책과 현장에서의 가장 큰 차이점이다.

또 다른 하나는 풍수 고전이 비발전적이라는 것이다. 인자수지 등 혈 4상의 그림이 계속적 · 반복적으로 그려졌다는 사실이다. 풍수 고전의 어느 책을 막론하고 공히 혈상에 대한 내용의 그림이 대동소이하다는 것이다. 이처럼 풍수지리의 발전이 반복적 · 비발전적으로 흘러온 것이다. 이에 발전이 있다면 전순을 부과하여 5악으로 진보한 것이 그나마 다행스런 지금의 풍수 발자취이다. 이에 대한 차이점이 전순의 그림을 찾아 분석하여 해석을 한 것이다.

❖ 혈 4상의 그림 결여

『청오경』·『금낭경』 | 최고(最古)의 풍수 경전이나 혈 4상에 대한 그림이 없다.[4]

『옥수진경』[5] | 장자미가 저자이며 혈상의 구분이 아니라 이해가 되지 않을 정도로 복잡하고 난잡하게 되어 있어 이해 불가이다.

『명산론』[6] | 채성우가 저자이며 혈상에 대한 그림이 없다.

『입지안 전서』[7] | 송나라 때의 서책으로 혈에 대한 그림은 없다. 다만 납갑에서 향법에 대한 그림은 있지만 이는 물법에 관한 것으로 혈에 대한 그림은 없다.

---

4   『청오경』, 『금낭경』 등의 책은 작자 미상이며 최고(最古)의 경전으로 알려져 있다.
5   장자미, 『옥수진경』.
6   채성우, 김두규 역, 『명산론』, 2002.
7   송 고탁장노 저, 남창 만수화 편, 청호선사 역, 『입지안 전서』, 청운문화사, 2003.

(1) 『설심부변화정해』

『설심부변화정해』[8]는 다음과 같이 도해됐다. 주된 내용은 혈상에 대한 것으로 〈그림 1〉 좌측의 설명은 복잡하다. 소팔자(小八字)는 1분합, 대팔자(大八字)는 2분합으로 이해된다. 화생뇌(化生腦)는 입수, 암익(暗翼)은 선익의 중간 부위, 명견(明肩)은 선익 시작 부분, 태극휘(太極彙)는 혈, 첨(尖)은 전순으로 이해된다. 우측의 분수(分水)와 합수(合水)는 상분하합의 분합으로 이해되며, 선익(蟬翼)은 5악의 선익으로, 장구(葬口)는 1분합으로, 구염(毬髥)과 하수(蝦鬚) 합금(合襟)의 뜻은 이해하기 어려워 난해했다. 좌룡(左龍)은 청룡으로, 우호(右虎)는 백호로 짐작된다. 우각(牛角)은 와혈의 선익으로, 해안수(蟹眼水)는 게눈 형태의 물로 이해된다. 선익(蟬翼)은 겸혈의 선익이며 하수수(蝦鬚水)는 새우 수염 형태로서 물길로 보인다.

이처럼 『설심부변화정해』에는 4상별 5악에서 처음 사용되는 분합이나, 선익 등의 용어가 있다. 다른 풍수 고전에서는 이러한 논리가 없고 오직 4상에 대한 구분만 있는 실정이다. 그러나 이 책에는 5악에 관한 내용이 있다. 5악은 입수·혈·전순·좌우선익인데, 혈증 5악 전체에 대한 의미로 해석되는 어휘가 있다. 이는 4상에 대한 5악의 의미가 부가적으로 된 것이다. 이러한 논리는 그때부터 이미 세밀하게 혈을 다루는 방법으로 풍수를 작게 보는 미시적인 의미를 논했다는 시대적인 산물이다.

현대적으로 보면 보다 세밀하게 다루지는 않았지만 선익 등을 논했다는 것 자체가 혈에 대한 상당한 평가에 대한 의미가 있는 것으로 깊이 있게 다룬 책이라는 생각이 든다. 그러나 문장의 글이 어려워 그림으로 판단코자 하였으나 점선과 실선으로만 이루어진 그림으로는 해석하는 데 무리가 따랐다. 따라서 그때 당시엔 상당한 의미가 내포되어 있어 설명을 들으면 이해되리라 생각

---

8   맹천기, 『설심부변화정해』, 상해강동서국인행.

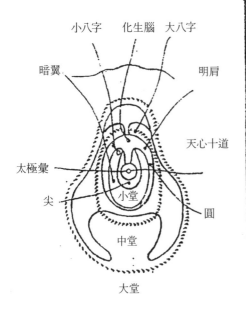

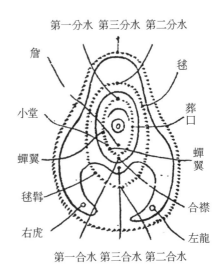

【〈그림 1〉4상 혈도 】

되지만, 안내자가 없거나 설명 없이 그림만을 이해하기란 상당한 문제점이 있어, 이를 해석하는 데는 한계가 있음을 지적하는 바이다.

(2) 『지학』

『지학[9]』에는 혈 4상을 개구와 개구 겸, 개구 유, 개구 돌로 구분해서 그렸다. 혈은 그림의 모양이 다르게 되어 있으나 전체 혈상은 대동소이(大同小異)해 구분키 어려웠다. 선익의 형태처럼 구분되고 있으나 그림으로의 차이점은 확인이 어려웠다. 다만 겸혈은 다리가 선익으로 보이며 나머지 혈상들은 모두 둥근 형태로 되어 있어 차이가 있었다고는 보나 다른 고전과도 유사했다.

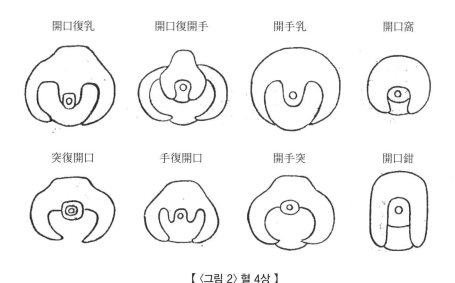

開口復乳　　開口復開手　　開手乳　　開口窩

突復開口　　手復開口　　開手突　　開口鉗

【 〈그림 2〉 혈 4상 】

9　심신주, 『심신주지학』, 혈장 1.

(3) 『지리담자록』

『지리담자록』[10]은 혈 4상을 유겸과 돌혈로 구분해서 그렸다. 일반론으로는 와·겸·유·돌로 되어 있으나 이곳에는 유혈이 먼저 나오고 겸혈, 와혈, 돌혈 순으로 그려졌다. 이곳 역시 다른 것과 마찬가지로 전순이 없다. 돌혈은 소돌 과 대돌 그리고 골돌(鶻突)이라고 하여 특이하게 구분했으나 유사했다.

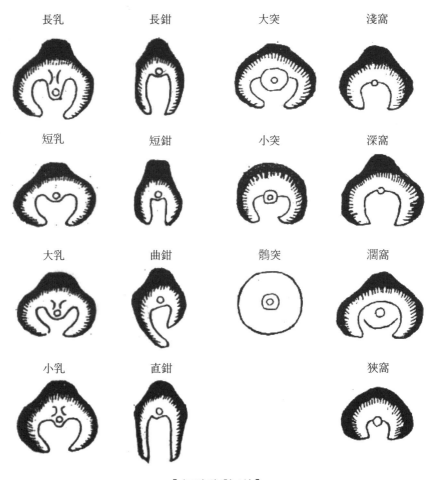

長乳	長鉗	大突	淺窩
短乳	短鉗	小突	深窩
大乳	曲鉗	鶻突	濶窩
小乳	直鉗		狹窩

【 〈그림 3〉 혈 4상 】

---

10   원수정, 『지리담자록』, 진장고체중신편정, 청, pp.87-89.

(4) 『인자수지』

 최고(最高)의 풍수 경전인 『인자수지』[11]는 혈 4상인 와·겸·유·돌을 구분하여 도해했다. 이곳에도 마찬가지로 전순이 없는 일반적인 형태로 그려져 있어 다양한 의문이 제기된다. 자세한 내용은 다음 〈그림 4〉의 혈 4상도와 같다.

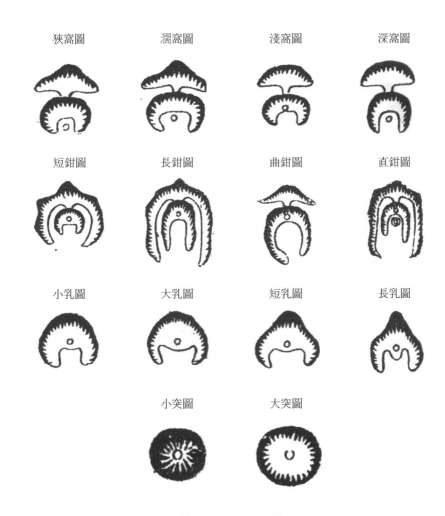

【 〈그림 4〉 혈 4상도 】

---

11   『정교지리인자수지』 복사본, pp.143-158.

(5) 『감룡경』

김태준이 번역한 『감룡경』[12] 하편 제10 「변혈편」에 의하면 탐랑성에서 입유·평유·별군(鼈裙)으로 그려졌고, 거문성에서는 금반·앙기·측첩·타봉·앙고 등으로, 논존성에서는 횡산·준면·유치정결·유치요결·유치유회 등으로, 문곡성은 평리측락·앙장·평리취진·변춘혈 등으로, 염정성에는 제각혈 등으로, 무곡성에는 금차정결 등 29종으로 또한 정겸·개겸·합겸합주·장겸·단겸 등으로 세분되었으며, 파군성과 좌보성에서는 과모정결·과모횡결 등 9종으로 그렸다. 이러한 그림은 너무나 세분되어 이해가 어려우며 혈 4상과도 거리가 있다. 이에 비해 번역자 김태준은 오히려 혈 4상을 금과옥률(金科玉律)로 여긴다는 내용을 머리글에 나타냈다.

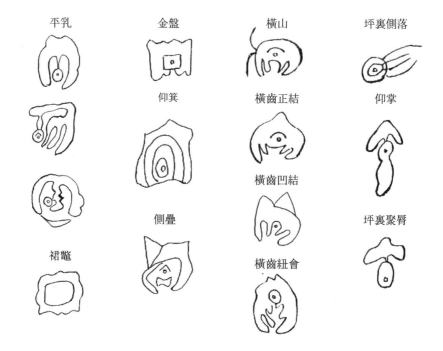

平乳　　金盤　　橫山　　坪裏側落

仰箕　　橫齒正結　　仰掌

橫齒凹結

側疊　　坪裏聚脣

裙鼈　　橫齒紐會

12　당국사 양구빈 균송 저, 김태준 역, 『감룡경』 하, 번역본, PP.229-271.

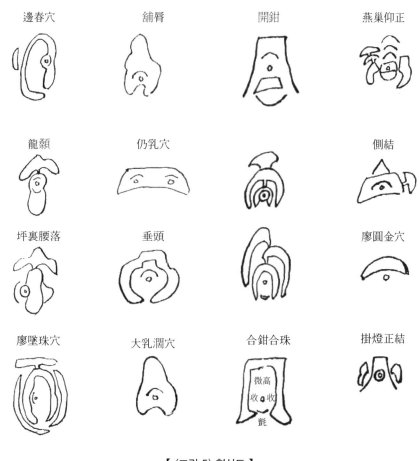

邊春穴	舗脣	開鉗	燕巢仰正
龍頷	仍乳穴		側結
坪裏腰落	垂頭		廖圓金穴
廖墜珠穴	大乳濶穴	合鉗合珠	掛燈正結

【 〈그림 5〉 혈상도 】

(6)『지리육경주』

고무 섭구승이 지은『지리육경주』[13] 권지 4「최관편」에서 혈 4상으로 보이는 그림이 있으나 혈상의 이름이 분명하지 않으며, 이 또한『인자수지』의 그림과 유사했다. 이에 대한 그림은 〈그림 6〉과 같다.

---

13   고무 섭구승, 『지리육경주』, 화성서국, 중화민국 96년, 천황평혈 편.

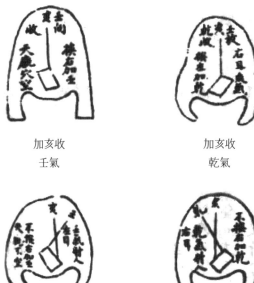

加亥收
壬氣

加亥收
乾氣

加亥放
乾氣

加亥放
壬氣

❖ 혈 4상에 대한 문제점과 요약

① 전순의 결여

　혈 4상에 대한 풍수지리 고전에 대한 견해는 천편일률적이다. 인자수지나 여타 고전이 혈 4상인 와혈·겸혈·유혈·돌혈의 종류별로 나누어 그렸으나 대부분 유사한 그림이다. 이는 보다 세부적으로 그리고자 하는 책임감의 결여이다. 현장에 임하여 4신사 위주로 보는 방법이 아닌 치밀하게 미시적으로 보고자 하는 방법론상의 문제이다. 풍수는 쉽게 보고 크게 보는 방법의 4신사가 되기 쉽다. 고려 조선을 지나 지금까지도 4신사 위주의 풍수 공부이다.

　이러한 방법에는 한계가 있다. 먼저 보기가 편하고 비교가 쉬워 이해가 빠르다.

이에 비해 5악은 보다 규모가 작고, 보기가 어렵다. 이런고로 가르치는 사람이나 배우는 사람이 쉬운 방법의 4신사가 주류를 이뤘다. 4신사로 자리를 잡으면 10m 밑으로 가나 10m 위로 이동하나 다 같은 자리이다. 이런 공부는 혈에 대한 답이 주관적이고 객관성이 떨어짐으로 인해 혈을 찾는 데는 한계가 있다. 또한 풍수 고전에 나와 있는 혈 4상의 그림은 이해가 되지 않아 상당히 어렵다. 풍수 공부를 오래한 사람이든, 오래하지 않은 사람이든 이해하기는 매한가지이다. 따라서 보다 발전된 혈 4상에다 혈증 5악을 더해 5악에 대한 혈 4상의 그림이 요구되고 필요해진 것이다.

그리고 혈 4상의 그림엔 문제가 있다. 가장 큰 불합리는 전순의 결여로 4악으로 되어 있다. 사람으로 비교하면 턱이 없는 것과 같다. 턱이 없는 사람은 살아가기도 어렵다. 특히 말년의 힘든 삶인 미래가 없다는 애기이다. 풍수 또한 이와 같은 맥락이다. 고전에서 나타나는 혈상의 그림에서 전순의 결여는 결국 세월이 흘러 근래에야 혈증 5악이라는 표현으로 전순이 표시된 실상이다.

② 혈증에 가장 민감한 서책

인자수지 등 여러 서책에서 표현되어 있지만 현대적인 혈증에 가장 근접하게 나타난 것은 『설심부변화정해』이다. 그림의 표현은 대동소위하나 이 책에서는 선익·구첨·태극휘 등 혈장 5악의 요소가 언급됐다. 특히 선익이란 용어는 현대에서 대단히 중요하게 다루는 용어로 혈의 4상을 이름 짓고 구분하는 데 없어서는 안 될 필수적인 요소로서 그 당시의 저자인 맹천기는 혈상 구분에 지대한 업적을 쌓은 인물로 평가된다. 통상 『인자수지』가 가장 근접한 혈상으로 인식된바 있으나 이러한 범주를 뛰어넘는 것으로 볼 수 있어 참으로 다행스럽게 생각된다. 다만 하나의 맹점은 세분화하지 않는 점이 부족하게 볼 수는 있지만 현재의 용어에 대해서는 가장 앞선 서책으로 인정된다.

2. 혈증 5악에 의한 혈 4상

혈 4상은 혈의 종류를 논한 것인 반면에 5악은 혈에 대해 보다 더 발전적이고 세부적인 혈증으로 분석된 것이다. 5악은 현실적으로 현장에서 타당하게 적용하는 풍수지리의 혈을 분석하는 데에 있어서는 가장 적합한 것으로 인간의 얼굴과 유사한 형태로, 혈의 정의에 대한 가장 필요한 접근법 중의 하나이다.

그러나 이에 대한 혈의 풍수적 특징인 단점은 5악에 의한 설명을 하면서 전순의 생성 원리를 설명한 서책이 없다는 것이다. 특히 전순의 생김새에 대한 논리나 의미를 언급한 책은 학이나 술의 세계에서 어느 누구도 주장을 하고 있지 않다는 것이다.

두 번째로 입혈맥이 없다는 것이다. 입혈맥은 물의 원리인 上分을 하는 데에 있어서는 필수적인 조직체인 사(沙, 砂)이다. 맥이 없으면 물의 분리는 불가능하다. 상분이 없는 물은 혈을 깨어 버리고 못쓰게 만든다. 입수에서 혈로 내려가는 맥선을 손상시키는 것이 된다. 그러므로 입혈의 존재는 물을 양분하는 매개체이다. 이러한 입혈맥이 5악의 그림에는 없다는 것이다. 즉, 입혈맥이 존재치 않는다는 것이다. 이처럼 입혈맥은 분합에서도 상당한 의미를 부여하고 있음에도 불구하고 어떤 서책이나 논문에 그림으로 표현된 적이 없다. 이를 두고 필자는 1악이라 하여 풍수 혈증에 추가하여 6악이라 칭했다. 이는 또한 그러한 이유이기도 하다.

세 번째로 혈 4상에 의한 5악을 제대로 설명한 서책의 그림이 없다는 것이다. 이러한 현상이 풍수지리 혈의 발전에 얼마나 기여했는지에 대한 가늠자가 될 것이다. 이에 대해 출발부터 필요한 그림책을 우선 선별 확인하여 비평할 것이다. 그에 따른 현장의 조사 방법은 '랜덤식'으로 700여 권 풍수 책을 찾아 분석할 것이다. 혈 4상은 풍수 고전을 중심으로, 5악에 의한 혈상은 현대적인 서책을 찾아, 그림이 있는 것만 선택하여 나타낼 것이다. 이를 분석해 보면 고전이나 현재의 서책은 20여 권에 불과하다. 너무나 부족한 실상이 현실이다. 이것이 풍수계의 지금까지 살아 있는 소득이라면 소득이다. 참으로 안타까움이 요구되는 현실적 사실이다.

(1) 학

학교[14]에서 풍수 강의(혈증 5악)를 하는 박사급 이상 교수들을 대상으로 한 정혈적 위주로 개념 정립이 된 그림을 분석한 내용이라는 점, 이해를 바란다.

1) 문인곤

문인곤[15]은 혈 4상을 종류별로 구분했다. 와혈은 감춘와와 긴와를 종류별에 포함하였으며 전순의 그림이 결여되어 있다. 겸혈은 순전을 낙조사가 아닌 둥근 금형으로 그렸으며 선궁·단제 등도 표현되어 있으나 국내의 현장에서는 구경하기가 어렵다. 유혈은 유회·불유회를 종류별로 포함하여 그림으로 나타내고 있으며 선익이 그려져 있고, 국내의 자연에서는 생소한 쌍유혈의 그림도 그려져 있다. 돌혈은 5악의 표시가 그려져 있지 않으며 대돌과 소돌의 구분이 없다. 다만 5악에 의한 혈증의 4상 종류별로 표현한 것에 대해서는 발전된 모습으로 그려 놓아 볼만했다.

---

14 학의 구분은 풍수지리학 박사급 이상의 강의를 한 자로, 술이란 학에서 제외되어 일반적인 풍수 술사의 지위로 구분했다. 술이든 학이든 순위에 의한 구분은 아니다. 오히려 혈을 알고 이해에 따른 구분으로 술이 앞서거나 학이 앞서는 것에 대한 의미는 없다. 오직 혈이 무엇인가에 대한 의문에 따른 이해만 하면, 혈이 마지막임을 따질 뿐이다. 다만 혈은 '무엇인가'라고 하는 개념을 구분 짓기 위한 필자의 생각이다.

15 문인곤, 『풍수지리학 원론』, 리북스, 2013, pp.216-223.

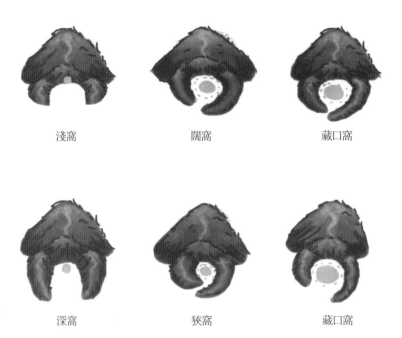

淺窩　　　　　　闊窩　　　　　　藏口窩

深窩　　　　　　狹窩　　　　　　藏口窩

미돌

와중

와혈도

직겸　　　　　곡겸　　　　　장겸　　　　　단겸

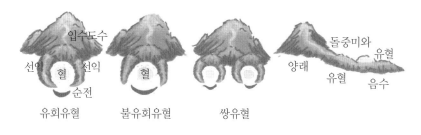

유혈도

돌혈도

【 〈그림 7〉 혈장도와 4상 】

2) 박시익

박시익[16]의 그림은 혈 전체에 대한 혈장도나 유혈인 듯했다. 그러나 일반적인 서책과는 그림에서 차이가 났다. 입수와 혈과 좌우 선익이 어긋나 보인다. 더군다나 혈 4상은 표현되었지만 단순하고 타인들과도 유사하게 그렸지만 입수와 혈의 연결인 입혈맥이 없다. 입혈맥의 표시가 없다는 것은 분합에서 상분의 개념이 없다는 것으로 이해된다. 상분이 없는 분합은 의미가 없고 있을 수도 없기 때문이다. 혈상은 5악에 의한 혈상인 것으로 전순 등의 표시가 없어 5악에 관계된 혈 4상으로는 상당히 미흡하고 너무나 단순했다.

---

16   박시익, 『풍수지리와 건축』, 경향신문사, 1997, pp.85-88.

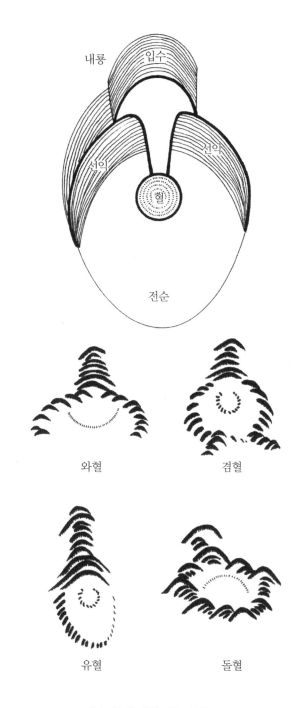

와혈   겸혈

유혈   돌혈

【 〈그림 8〉 혈장도와 4상 】

3) 이재영

이재영[17]은 와혈에 대한 혈장도의 그림을 그렸다. 이 그림은 입수에서 혈로, 혈에서는 전순이 연결되지 않는다. 이러한 형태가 와혈이며 협와이다. 여타 다른 혈상은 없다. 이 그림 역시 상분은 되나 하합이 문제된다. 그 이유는 그림에서 보면 전순이 떨어져 있기 때문이다. 일반 서책과 다른 점은 입혈맥의 표시이며, 전순이 선익과 떨어져 있음이 흠 아닌 하자이다. 어느 서책에서도 입혈맥의 표시가 없지만 이 책에서는 유일하게 그려진 점이 이채롭다.

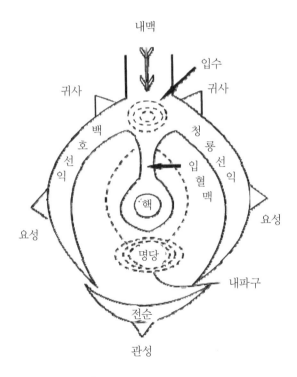

【 〈그림 9〉 와혈의 혈상도 】

---

17 이재영, 『풍수지리학 원론』, 형설출판사, 2014, p.116. 이재영은 여러 대학에서 풍수지리학을 강의했고, 지금도 크지 않는 조그마한 지방 사립대학교에서 강사로 오래도록(9년차) 풍수지리학을 강의하고 있다.

4) 정경연

정경연[18]은 5악에 의한 혈 4상 구분 없이 그렸다. 대부분 평면도를 그렸으나 측면도가 있어 보기가 쉽고 좋다. 그런데 이 그림에서 평면도상 선익과 전순이 떨어져 있으며, 측면도에서는 선익이 경사진 형태로 파조와 타탕[19]의 2중 모양으로 그려졌다. 이는 현장과는 거리가 있어 보이며 확인의 필요성이 요구된다.

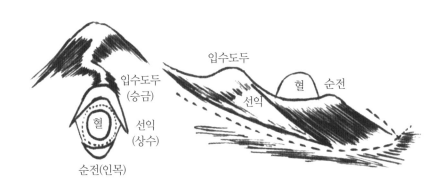

【 〈그림 10〉 혈상도 】

---

18 정경연, 『정통풍수지리』, 평단, 2003, P.308.
19 파조와 타탕은 3성의 요소로서 혈격의 8격으로 구분하는 데 사용하는 용어이다. 파조는 길게 아래로
    붙는 형태이며 타탕은 수평으로 둔덕의 형태이다.

5) 정완수

정완수[20]는 합이라는 것으로 표현하여 나타내고 있으며 생기가 모이는 현상이라고 하면서 5악을 그렸으나 혈 4상에 대한 언급은 없다. 다만 와혈의 그림으로 그려진 듯하나 와혈은 전순이 한쪽 선익과 연결되어야 하는데 이러한 그림과는 거리가 있다. 그렇다고 하여 이 그림은 여타 다른 저서와도 구별되는 그림으로 보기도 어렵다. 이는 혈 4상을 풍수 고전에서 주장된 내용을 그대로 옮겨와서 그려진 듯했다.

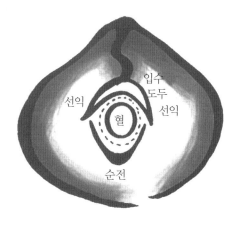

【 〈그림 11〉 혈상도 】

---

20   정완수, 『자연풍수입문』, 대유학당, 2018, p.226.

6) 촌산지순

촌산지순[21]은 일본 사람으로 풍수 서책을 번역하였으나 5악에 관한 그림은 없다. 다만 분합도에서 혈의 개념인 구첨(毬簷)이라는 용어로 표현했다. 이는 5악의 일부를 나타내고 있다. 구는 와혈에서 원훈을 의미한 듯하다. 원훈은 좌우 선익을 말하며 첨은 전순을 말한 듯하다[22]. 그러나 전체를 놓고 봐도 혈의 논리인 그림은 아닌 듯했다.

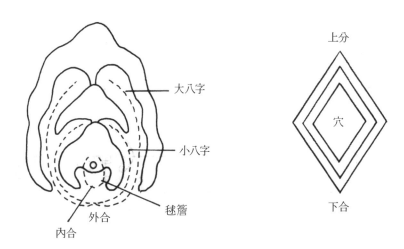

【 〈그림 12〉 분합도 】

---

21 촌산지순 저, 최길성 역, 『조선의 풍수』, 민음사, 1990, p.120.

22 민중원풍수명리학회에서는 구첨을 다음과 같이 이해했다. 구첨(毬簷)의 구는 진기(眞氣)가 융결(融結)된 곳에는 태극원운(太極員暈)이 있는데 둥근 운(暈)의 윗부분 초승달 모양의 테두리(上弦)에는 반드시 분수(分水) 됨이 있다. 그것이 돌기(突起) 되어 마치 공(毬)처럼 둥글기 때문에 구(毬)라 한다. 첨은 운(暈)의 아랫부분 초승달 모양의 테두리(下弦)에는 반드시 합수(合水) 됨이 있다. 마치 처마 물(簷水)이 떨어지는 것 같다 하여 첨(簷)이라 한다. 이에는 두 가지 설이 있다. 하나는 혈운(穴暈)의 아래에 합금(合襟·合水)의 윗부분이 첨(簷)이라 하고 또 하나는 둥근 구(毬)의 아래로 혈운(穴暈)의 위가 첨(簷)이라 하는 설(說)이 있다. 와혈에서 구는 원운으로 선익을 의미한 것으로 판단되며, 첨은 전순으로 이해된다. 구는 공구이며 첨은 처마를 의미하기 때문에 상호 비교되는 것으로 유추된다.

(2) 술

본인은 술(풍수)을 아주 중요시한다. 술이 되지 않으면 학은 거짓말투성이로 풍수 혈증의 개념이나 이해에 의미가 없다. 이러한 논리로 술을 학보다도 더 중요하게 생각하는 풍수인이다. 다음 그림은 현재 재야에서 통용되는 5악에 의한 4상혈의 그림을 나타낸 것을 중심으로 분석한 것이다.

1) 김원길

김원길[23]은 혈상 5악을 설명하면서 3성을 언급하였으나 관성과 요성을 바꾸어 설명하였다. 그리고 5악에서의 전순은 떨어진 것인지, 연결되어 있는지를 구분하기 어려우며 그림상 바르게 그려지지 않은 점이 그나마 특징으로 보인다. 이는 올바르지 못한 것인지 또는 착각을 한 것인지는 이해가 되지 않는다. 그리고 혈 4상에 의한 구분은 없다. 이러한 여러 가지 이유 등으로 혈상을 이해한다는 데는 한계가 있다.

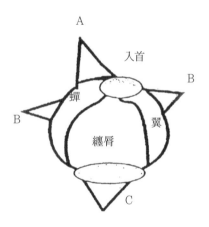

【 〈그림 13〉 혈상도 】

---

23 김원길, 『풍수지리강론』, 강의용, p.17.

2) 김원대

김원대[24]는 혈심 4상도로 나타냈다. 와혈은 선익 안에 전순이 있고, 겸혈은
연익이 있는 것으로 도해됐고, 유혈은 선익이 있는 돌기처럼 생긴 그림으로,
돌혈은 입수가 틀어진 상태로 그려져 있으나 풍수 고전의 상태에 머물고 있는
정도로 이해된다.

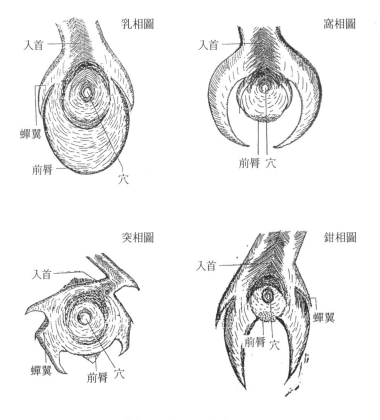

【 〈그림 14〉 혈 4상도 】

24   김원대, 『풍수의 도』, 중외출판사, 2003, P.203.

3) 김종철

김종철[25]은 당판론에서 5악에 의한 분석을 했다. 그리고 전순론에서는 혈상 명기 없이 전순에 대한 그림만을 도해했다. 이는 당판에서는 구분이 되었지만, 전순론에서는 미흡한 점이 있어 상호 비교됐다.

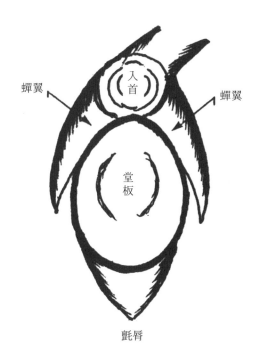

【 〈그림 15〉 5악에 의한 혈 4상도 】

---

25   김종철, 『명당요결』, 꿈이 있는 집, 1991, p.175, 185.

4) 권오준

권오준[26]은 입수 재혈에 대한 종선과 횡선을 설명했다. 그러나 5악의 하나인 전순이 그림에는 그려져 있지 않다. 이러한 혈은 혈장 주변에 있는 물은 다파로 빠져 여러 군데로 나가기 때문에 문제가 있다. 또한 전순에 대한 언급이 없다.

【 〈그림 16〉 5악에 의한 혈상도 】

5) 박봉주

박봉주[27]가 그린 혈상도의 그림은 와혈인 듯하다. 전순[28]이 붙어 있는지 떨어져 있는지에 대해서는 분명하지 않으며 혈 4상에서도 구분 없이 통칭하여 혈상 전체를 묘사한 듯하다. 일반적인 다른 풍수사와도 유사한 그림으로 특이한 그림은 발견되지 않는다. 입수는 입수두뇌로 혹은 승금으로, 선익은

---

26   권오준, 『지리요강』, 흑암풍수지리학원, 1994, p.149.
27   박봉주, 『한국풍수이론의 정립』, 관음출판사, 2002, p.251. 267, 275.
28   전순은 순전이라고도 하며 순과 전을 구분하는 경우도 있다.

인목으로, 원진수는 상수로, 혈은 혈토로 표현하여 풍수 고전과도 비교된 그림이다.

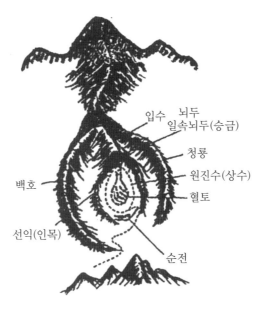

【 〈그림 17〉 박봉주의 혈상도 】

6) 손정고

손정고[29]는 5악을 입수는 입수두뇌로, 양 선익은 청룡과 백호 선익으로, 전순은 전순으로 도해했으며, 혈심을 혈핵으로 하였으며 3성에 대해서는 귀사·관성·요성으로 구분하여 처음 표현했으며 이를 그림으로 그렸다. 또한 혈성도에서는 입혈맥을 표시하여 새롭게 나타낸 내용이 언급됐다. 혈 4상에 대한 그림은 있으나 5악에 의한 도해는 아니므로 이에 대한 언급을 생략했다.

29　손정고, 『명당비전, 풍수지리해설집』, 신지서원, 2002. p.184.

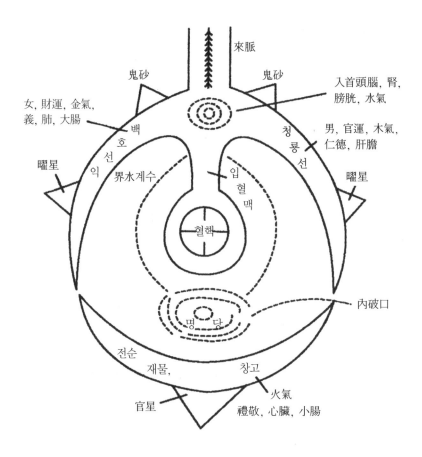

【 〈그림 18〉 5악에 의한 혈상도 】

7) 우영재

우영재[30]는 혈상을 양혈과 음혈로 구분하여 혈 4상으로 표현했다. 와혈·겸혈·유혈·돌혈로 풍수 고전처럼 그려진 그림이 있다. 또한 혈상도에서는 박봉

---

30 우영재, 『지기를 해부하다-대권과 풍수-』, 관음출판사, 2002, pp.51-53.

주의『한국풍수이론의 정립』에서 나타낸 그림과 유사했다. 5악인 입수·순전·
선익·혈토 등 표현 방법은 같다.

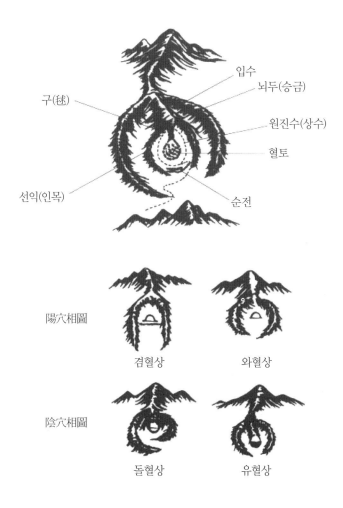

입수
뇌두(승금)
구(毬)
원진수(상수)
혈토
선익(인목)
순전

陽穴相圖
겸혈상   와혈상

陰穴相圖
돌혈상   유혈상

【 〈그림 19〉 5악에 의한 혈상도 】

8) 유재백

유재백[31]은 5악을 그렸으나 혈 4상에 대한 구분은 없다. 또한 선익과 순전
이 떨어져 있다.

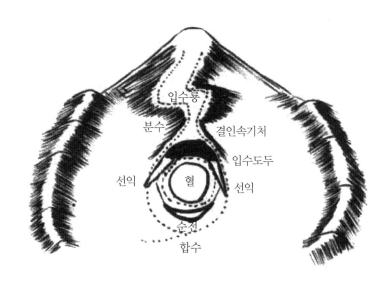

【 〈그림 20〉 5악에 의한 혈상도 】

9) 윤재일

윤재일[32]은 혈장도에서 혈 4상을 구분 없이 그렸다. 원훈 등이 있는 것으로
보아 와혈인 듯하다.

31   유재백, 『풍수지리학 이론』, 일원풍수지리연구소, p.92.
32   윤재일, 『해인풍수총론』, 강의용, 2011, P.199.

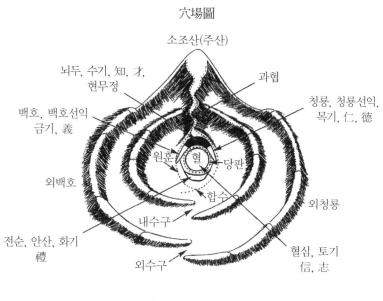

穴場圖

소조산(주산)

뇌두, 수기, 知, 才,
현무정

과협

청룡, 청룡선익,
목기, 仁, 德

백호, 백호선익
금기, 義

원훈 혈 당판

외백호

합수

내수구

외청룡

전순, 안산, 화기
禮

외수구

혈심, 토기
信, 志

【 〈그림 21〉 혈상도 】

10) 이익중

이익중[33]은 〈그림 22〉와 같이 5악에 대헤 나타낸바 있으나 혈 4상이 무엇인
지에 대하여는 구체적으로 표현하진 않았지만 비교적 선명하고 상세하게 표
시했다. 다만 선익과 전순이 붙어 있다. 이 2가지가 붙어 있는 경우는 와혈이
유일하고 나머지 혈상은 떨어져 있어야 하는데 애매하게도 전체의 혈상이 설
명됐다.

그리고 5악에 의한 혈 4상에 대해서는 풍수 고전과 유사하고, 전순 등이 표
시되지 않을 뿐만 아니라, 없는 것으로 이해하여 그림으로 표현됨으로써 혈증
5악은 별 의미가 없는 듯했다. 또한 저자의 서책 목적에도 내용이 어긋나므로
이에 대해서는 생략했다. 그림에서 앞부분은 와혈인 듯하고 뒤쪽은 유혈이나

---

33   이익중, 『길한 터 흉한 터』, 동학사, 1994, pp.63,161,171.

돌혈인 듯하다. 전체 그림에서는 전순과 좌우 선익이 붙어 있어 현장에서 정확하게 분석된 것은 아닌 듯했다.

혈장에너지 취합 및 역활

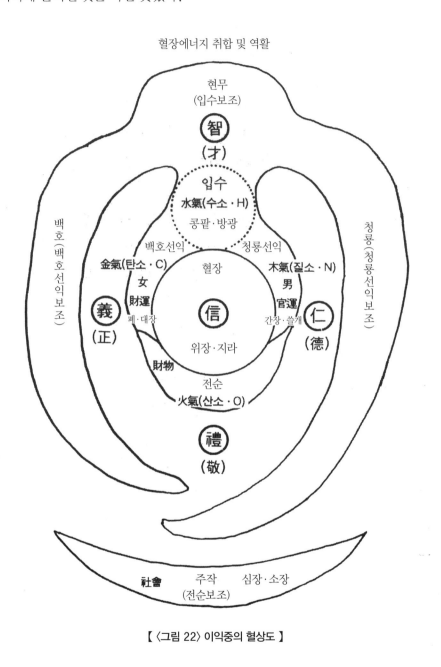

【 〈그림 22〉 이익중의 혈상도 】

전순(氈脣)

에너지 흐름

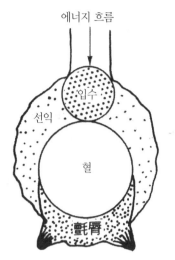

입수

선익

혈

氈脣

전순(纏脣)

에너지 흐름

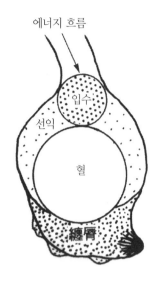

입수

선익

혈

纏脣

전순(氈脣)

에너지 흐름

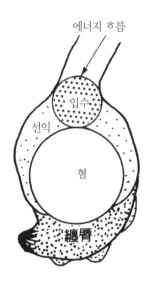

입수

선익

혈

纏脣

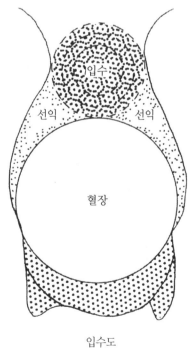

입수

선익   선익

혈장

입수도

이익중[34]의 또 다른 저서『한국의 특성에 맞는 터와 명당』에서 수맥을 설명하면서 청룡선익과 전순의 연결됨이 있는 것이 특징이다. 이는 와혈에서는 가능하지만 다른 혈상에서는 적용되지 않는 것이 또 다른 특징이다. 이곳에서는 수맥을 설명하는 것으로 보이며 혈상에 대한 설명은 없다. 다만 와혈이라면 현장을 아주 잘 살핀 경우가 되나 표현이 되지 않아 유감이다.

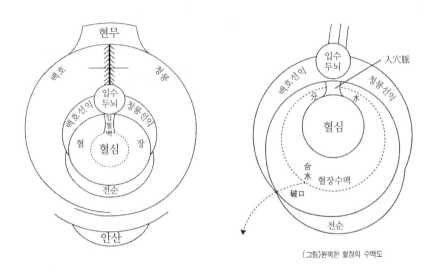

(그림)완벽한 혈장의 수맥도

【 〈그림 23〉 이익중의 다른 혈상도 】

11) 이준기

이준기[35]는 5악에 의한 와겸유돌의 혈 4상을 분석했다. 혈상별로 5악인 입수·전순·선익·혈심을 그림으로 도해했으나 입혈맥의 표시는 없다. 다만 이

---

34 이익중,『한국의 특성에 맞는 터와 명당』, 우성출판사, 1998, p.97,145.
35 이준기,『천풍지수』, 준프로세스, 2004. p.294.

5악을 꽃과 비교하여 꽃꼭지·꽃술·꽃받침·꽃심으로 분석됐다. 이는 장용득과도 일치하는데, 풍수 연구를 같이한 도반이나 같은 학맥으로 추측된다.

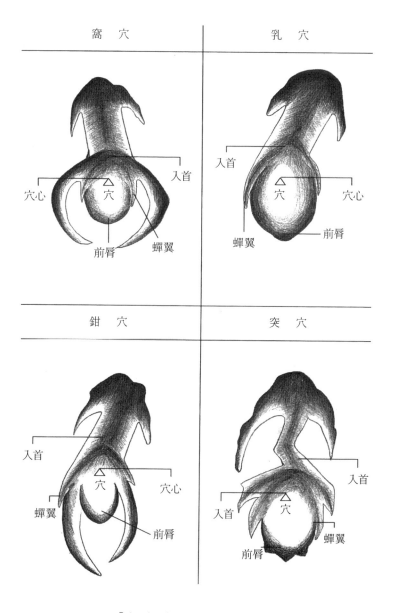

【 〈그림 24〉 5악에 의한 혈 4상도 】

12) 이준기·김강동

이준기·김강동[36)]의 2인 공동 저자로 정혈도에서 도해했으나, 이준기의 『천풍지수』와 같은 그림으로 발전됨이 없이 똑같은 그림으로 반복되어 그려져 있어 이를 보는 독자에게는 신선함이나 의미가 떨어진다.

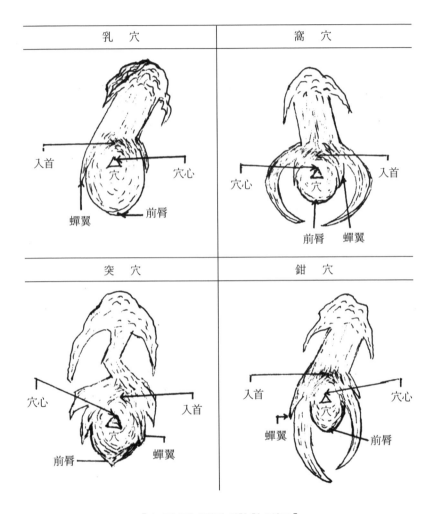

【 〈그림 25〉 5악에 의한 혈 4상도 】

---

36 이준기·김강동, 『지리진보』, 계축문화사, 1978, p.122.

13) 장용득

장용득[37]은 혈이 꽃술·씨방·꼭지 등 꽃과 유사하다고 하여 꽃받침 이론의 혈상도로 나타냈다. 입수는 꽃의 꼭지, 혈심은 꽃의 씨방, 선익은 꽃받침, 전순은 꽃술에 비유했다. 또한 5악을 와혈, 겸혈, 유혈, 돌혈로 각각 표현했다. 술사 중에서는 유일하게 4상별 5악의 표시가 있어 어떠한 저서보다 돋보이고 발전된 표현으로 가히 풍수계의 대단한 족적이라 할 수 있다.

다만 혈 4상의 종류별에 따른 세항[38]의 접근은 전무하며, 이에 대한 문제점이 대두된다. 와혈의 경우 당판에 비가 내려 물이 모인다면 어느 곳으로 물이 나가는지에 대한 그림 상 표현이 없다. 겸혈은 전순의 생김새는 낙조가 되어야 하는데 그러한 그림이 아니고 계속 진행하는 형태의 그림이다. 유혈은 와혈과 같이 물길이 나가는 파구 지점이 분명하지 않다. 돌혈은 현침이 4개여야 올바른 혈이 되는 데에 비해 명확한 구분이 없는 등 아쉬움이 있다. 그렇지만 5악에 의한 혈 4상별 구분은 지대한 공로로 인정된다. 이에 대한 그림은 〈그림 26〉의 혈상도와 같다.

---

37 장용득, 『명당론』, 출판사 미상, 1980, pp.152-156.

38 혈 4상에서 와혈에는 활와, 협와, 천와, 심와로, 겸혈은 곡겸, 직겸, 장겸, 단겸으로, 유혈은 장유, 단유, 대유, 소유로, 돌혈은 대돌, 소돌, 평돌, 산돌로 각각 구분된다. 장용득은 세부적인 세항별 구분은 하지 않았다.

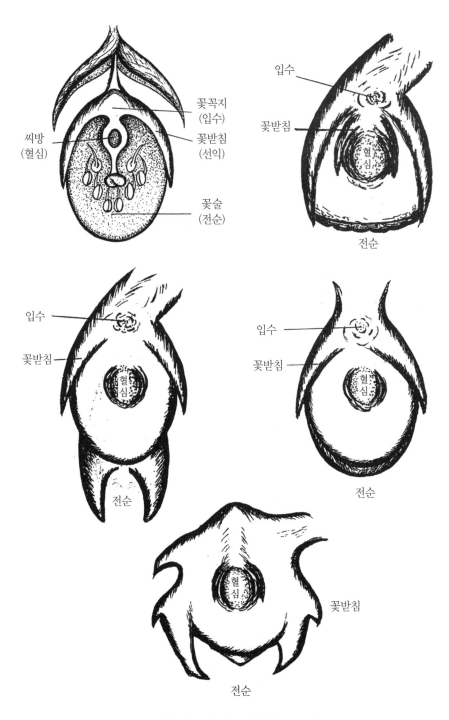

씨방
(혈심)

꽃꼭지
(입수)

꽃받침
(선익)

꽃술
(전순)

입수

꽃받침

혈심

전순

입수

꽃받침

혈심

전순

입수

꽃받침

혈심

전순

혈심

꽃받침

전순

【 〈그림 26〉 5악에 의한 혈 4상도 】

14) 정용빈

　정용빈[39]의 그림은 5악의 형태를 표시한 것으로, 재혈의 방법을 논하면서 와겸유돌의 혈상을 구분하지는 않았지만 그림으로 표시된 것을 보고 판단하면 유혈로 보인다. 유혈은 선익이 없거나 거의 보이지 않는 것이 특징이지만 본 그림에서는 크지 않게 보인다. 이러한 혈상은 전순이 앞으로 쭉 빠진 형태가 되어 추족[40]이 되며 또한 1분합의 물길 흐름이 염려되는 그림으로 뭔가 부족한 듯하다.

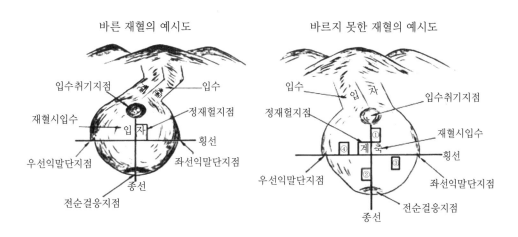

바른 재혈의 예시도　　　　　　바르지 못한 재혈의 예시도

【 〈그림 27〉 혈상도 】

39　정용빈, 『풍수지리학과 사주만상궁합법』, 송국문화사, 2003, pp.132-134.
40　추족은 혈의 기운이 빠져나간 상태가 되어 혈이 미비한 현상이 나타난다. 이를 두고 일반적으로 풍수인들은 추족이라 표현한다. 추족은 지금처럼 된 것과 혈이 되는 곳을 사람이 인위적으로 상혈을 되도록 하여 만든 것이 있고, 4신사인 청룡과 백호가 없어 혈장이 빠진 형태의 3가지가 있다.

15) 조중근·조태근

조중근·조태근[41)]은 그의 저서에서 5악 그림으로 혈 4상을 분석했다. 와혈에서 5악은 있지만 선익과 전순이 붙어 있어야 하나 떨어지게 그려졌다. 겸혈은 전순이 선익 안에 있어야 정상이지만 밖에 위치했다. 유혈은 선익이 몸체에 갇혀 있어 보이지 않는 것이 원칙인 데 비해 선익이 와혈처럼 그려져 있어 구분이 어려우며 또한 전순이 와혈과 같이 떨어져 있다. 돌혈은 선익이 현침인 데 비해 선익과 요성을 별도로 도해됐다. 이에 대한 보기는 〈그림 28〉의 혈상도와 같다.

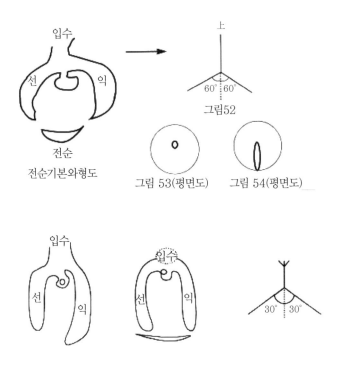

입수
선
익
전순
전순기본와형도
上
60°
60°
그림52
그림 53(평면도)
그림 54(평면도)

입수
선
익
입수
선
익
30°
30°

41 조중근·조태근, 『풍수지리』, 가교, 2001, p.305,307,310,311.

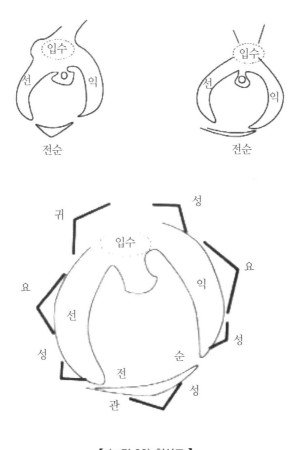

【 〈그림 28〉 혈상도 】

❖ 혈 4상별 5악의 그림 결여

① 4상혈에 대한 각각의 5악 그림 결여

혈 4상을 풍수 고전에서 펼쳤다면, 근 현대에는 5악으로 발전됐다. 그러나 풍수 지리학술인들 어느 누구도 4상별로 구분하여 5악으로 도해한 전체 그림은 없다. 5악을 4상(와혈·겸혈·유혈·돌혈) 개별로 그렸어야 함에도 불구하고 그려진 그림이 없고, 전체를 1개의 그림으로 통칭하여 표현했다. 대단히 안타까운 말이지만 풍수계에서는 반성의 여지나 발전에 기여를 하고자 하는 올바른 연구자가 지금까지 없었다는 것이다. 말소리도 크게 하고, 글 자랑도 잘하지만 혈에 대한 연구는 부족하기 짝이 없다는 것이다. 어느 서책을 막론하고 혈 4상인 와혈·겸혈·유혈·돌혈에 대한 5악 그림은 없었고 세항별 세부적인 그림 자체가 아예 없다. 접근 자체도 생각 없이 하고자 하는 의욕도, 마음도 없는 것이 현실이다. 풍수 연구인의 한 사람으로 대단히 미안한 마음이 현실이다. 부족한 부분에 대한 그림은 다음 장에서 세부적인 부분까지 도해를 할 것이다.

혈중 5악에 의한 4상의 서책들은 대체적으로 5악 그림이 1개뿐이다. 이는 혈 4상을 이해하고 5악으로 그림을 풀어놓아야 하는데도 어느 누구 하나 서책에 도시한 것이 없다는 말이다. 한심한 말이지만 그것에 대해서는 2가지로 분석된다. 하나는 혈 4상과 혈중 5악이 완전히 딴 나라 생각으로 다르게 해석을 하는 것으로 보이며, 또 다른 것은 혈 4상이나 혈중 5악을 모르고 있다는 것이 필자의 건방진 생각이지만 현실은 사실인 듯하다. 그러한 이유는 첫째로 산에 임하면 수맥이나 기맥 혹은 4신사로 혹은 다른 풍수원리로 풍수 혈을 판단하는 것이며 두 번째는 혈 4상은 혈상으로 혈중 5악은 따로 국밥처럼 구분하여 생각하는 부류이다. 이러한 것을 볼 때 새롭게 혈에 대한 정립은 필요충분조건이다. 그렇게 하지 아니하면 혈에 대한 교육적 발견은 요원하다.

② 5악에서 입혈맥 추가로 6악에 대한 그림 도해 필요

입혈맥은 분합, 물길 수, 양득양파의 해석 시 반드시 필요하다. 동물이나 사람이 누운 상태에서 기쁠 때나 슬플 때에 흘리는 눈물이 코의 콧등이 없다면 이 눈물은 좌우로 흩어져(즉, 눈물이 일정하지 않게) 흘러가 버린다. 좌측의 눈물, 우측의 눈물이 자연스럽게 구분 지어 주는 것이 '콧등'이다. 이 콧등은 자연에서 말하는 혈의 6악에서는 입혈맥이다. 입혈은 입수에서 좌우로의 개장과 동시에 맥이 나가는 역할의 천심맥이다. 이 맥은 사람의 얼굴에서 눈물을 구분 짓게 된다. 이것이 풍수로

보면 입혈맥이며 6악 중의 1악이다. 이는 5악에서 1악을 추가한 6악이 되어야 비로소 올바른 혈장이 구성되는 것이다. 6악에 대한 그림은 다음 장에 도해할 것이다.

③ 혈 4상과 혈증 5악에 대한 비교

혈 4상과 5악에 대한 비교는 같은 혈이지만 차이가 크다. 먼저 서책에서 풍수 고전인 혈 4상은 중국이지만 혈증인 5악은 우리나라이다.

혈 4상은 기본적인 의미가 있다면, 혈증 5악은 세부적으로 보다 더 발전적인 모습이다.

혈 4상은 혈상을 기본으로, 5악은 혈증을 대상으로 판단하고 있다. 전자는 바탕에 기본 맥락이 있는 데에 비해, 후자는 보다 더 발전적으로 되어 있다는 현실적 사실이다. 전자는 풍수 고전으로 오랜 시간이 흘러 진행된 반면에 후자는 현대에 점차적으로 발전이 이루어진 단계이다. 전자는 전순이 없고, 후자는 우리 얼굴의 턱에 해당되는 전순이 있다. 전자는 선익과 4신사의 구분이 없거나 불명확한 데 비해, 후자는 선익이 분명하다. 전자는 규모가 큰 거시적인 분석인 반면에, 후자는 미시적으로 세세하게 그려진 형대이다. 전자는 4상이 대동소이하나, 후자는 혈상별로 차이점이 있어 다르게 그려져야 한다. 전자는 혈을 찾는 데는 한계가 있어 명확하지 않거나 불가능한 반면 후자는 정확성이 뛰어나 혈을 쉽게 찾을 수 있다는 장점을 가졌다.

혈장의 물 흐름에서 전자는 유사하나 후자는 혈상마다 전부 다르게 나타나고 있다. 전자는 혈의 형태가 복잡하기보단 단순한데 후자는 이와는 반대로 단순하기보단 복잡하다. 전자는 혈상의 이름이 하나로 단수이나 후자는 복수의 이름이다. [42] 전자는 물에 대한 해석이 없는 반면에, 후자는 물의 표시가 나타난다. 전자는 책마

---

42 이 부분은 필자의 생각으로 나중에 다시 언급한다. 와혈의 예는 협와이면 이것으로 끝나는 것이 아니라, 협와이면서 심와, 협와이면서 천와가 되어야 한다는 것이다.

다 대부분 유사한 그림으로 되어 있는 데에 비해 후자는 사람마다 다른 특이한 특색이 있다.

선룡 구분은 전자의 경우 불명확한 데 비해 후자는 분명하다. 물길 구분은 혈 4상이 같은 반면에 후자는 혈상마다 다 다르다. 전자는 여기 표시가 없는 반면에 후자는 4상마다 다르다. 분합에 대해 전자는 확인이 불가능한 반면에 후자는 4상마다 다 다르다. 경사에 대한 설명이 전자는 분명하지 않으나 후자는 경사가 있어야 한다. 전자의 혈상 이름은 유사하나 후자는 선익으로 구분된다.

발전 정도로 보면 전자는 발전이 거의 없이 정체되어 있는 반면에 후자는 보다 객관적으로 발전되어 5악에서 물 분합의 원리가 추가된 입혈맥에 의한 6악으로 추진된다는 사실이다. 전자는 혈 찾기가 정확도가 떨어져 어렵지만 후자는 질서가 있고 객관화되어 혈을 찾기가 어렵지 않고 비교적 쉽다.

와혈과 겸혈의 곡겸 구분에서 전자는 구분이 되지 않으나 후자는 분명하게 구분된다. 와혈은 전순이 선익에 물려 있어야 하지만 곡겸은 좌우 선익의 안쪽에 위치해야 하는 것으로 상호 차이가 있다. 즉, 와혈은 한쪽 선익에 의한 연장선의 끝에 있지만, 곡겸은 좌우 선익 안쪽에 위치하는 것으로 이를 낙조사라 하며 이 2가지 혈(와혈과 겸혈, 특히 곡겸)은 차이가 분명하다.

우리 얼굴을 닮은 형태를 보면 전자인 4상에서는 그림에서 찾을 수가 없는 반면에, 후자인 5악에서는 우리의 얼굴 생김새와 유사하다. 즉, 이마는 입수로, 코는 혈로, 광대뼈는 선익으로, 턱은 전순으로, 입혈맥은 콧등으로 구분하면 6악이 되어 우리 얼굴과 유사하게 닮았다.

4상은 4상혈 간 서로 유사해서 비슷하게 보이나 5악 상호 간은 판이하게 다른 그림으로 나타나 4상5악은 각각의 특성을 간직하고 있다. 즉, 와혈의 특성, 겸혈의 특성, 유혈의 특성, 돌혈의 특성 등이 서로 달라 각각의 개별성이 있어 독특하다. 이에 대한 비교는 다음 〈표 1〉과 같다.

【 〈표 1〉 혈 4상과 혈증 5악에 대한 비교 분석 】

구분	혈 4상	혈증 5악
서책	중국(인자수지 등)	한국(손종고 · 김원대 · 이익중 · 박봉주 · 정용빈 등 다수)
바탕	기본적	세부적
형태	혈상	혈증
부족	전순	입혈맥(1악+5악=6악)
분합	분합 부	상분 부, 하합 여
방법	거시적	미시적
성격	기초	상세
기간	오랜 기간	근대−현대로 계속 발전적
근거	풍수 고전	현대 서적
전순 여부	무	유
선익/사신사	구분 불명	명확(선익)
시각	거시적	미시적
혈의 모양	대동소이	상이
심혈	불가능(어렵다)	가능(쉽다)
물길 수	혈상 유사	혈상 상이(와 1길, 겸 2길, 유 3길, 돌 7길)
이해 정도	단순	복잡(상대적)
이름	단수	복수
물 표시	무	유
발전 추이	복사	특이
선룡	무	유
물(길) 그림	불명학	분명
여기	불명확	분명
분합	불명확	분명
경사	불명확	분명
명명 구분	불명확	선익이 판단
발전 정도	정체	입혈맥 추가로 6악으로 발전 가능
혈 찾기	어렵다	쉽다
와혈/곡겸	구분 어렵다	구분 된다
상모	닮지 않다	유사(닮음)
4상/5악	4상 유사	5악 차이가 판이
전순의 생성	모른다	혈상마다 다르다(와:선익, 겸유돌:혈)
양득/양파	모른다	다르다(와:양득일파, 겸:양득양파, 유:3득3파, 돌:7득7파)
호리지차	무의미	유의미
전순 유무	무	유

④ 정확도가 좋은 서책

정리가 잘된 서책은 문인곤의 서책이다. 이 책은 혈 4상을 종류별로 구분했다. 와혈은 그의 종류(張口와 藏口)를 그림에 도해한 점이 이해를 어렵게 하는 부분이 있지만 전순의 그림이 결여되어 있으며, 겸혈은 순전을 낙조가 아닌 둥근 금형으로 그려졌다는 것이 의문이다. 또한 유혈은 와혈처럼 유회·불유회를 종류별에 포함하여 그림으로 나타낸 점은 불요하며 통상 선익이 없어야 할 유혈에서 선익이 그려져 있다는 것이 문제이다. 이는 고전을 그대로 해석한 것으로 이해된다. 돌혈은 5악이 있음에도 불구하고 이에 대한 표시가 없으며 대돌과 소돌의 구분이 없다는 표현상 그림의 문제점이다. 다만 5악에 의한 혈증의 혈 4상별 종류에 대해서는 세밀하게 그렸다는 점에서는 어떤 서책보다 앞선다고 본다.

⑤ 혈증에 대한 저자별 발전적인 주장

4상의 그림 │ 4상의 주장은 여러 서책의 그림에서 나타나지만 서선술·서선계가 그려진 『인자수지』와 『설심부변화정해』가 가장 두드러졌다. 검토 확인한 서책은 『청오경』·『금낭경』·『감룡경』·『심신주 지학』·『정교지리인자수지』·『옥수진경』·『입지안 전서』·『지리담자록』·『명산론』 등이다.

5악의 그림 │ 5악의 주장은 장용득이 그린 『명당론』이 충실했다. 그 외 주장자는 김원대의 『풍수의 도』, 김종철의 『명당요결』, 권오준의 『지리요강』, 문인곤의 『풍수지리학 원론』, 박봉주의 『한국풍수이론의 정립』, 박시익의 『풍수지리와 건축』, 손정고의 『명당비전』과 『풍수지리해설집』, 우영재의 『지기를 해부하다-대권과 풍수』, 이익중의 『길한 터 흉한 터』와 『한국의 특성에 맞는 터와 명당』, 이준기의 『천풍지수』, 이준기·김강동의 『지리진보』, 유재백의 『풍수지리학 이론』, 윤재일의 『해인풍수총론』, 조중근·조태근의 『풍수지리』, 장용득의 『명당론』, 정경연의 『정통풍수지리』, 조용빈의 『풍수지리학과 사주만상궁합법』, 촌산지순 저·최길성 역의 『조선의 풍수』 등이 있다.

6악의 그림 | 5악+1악이 6악이다. 1악은 입혈맥이다. 입혈맥이 있어야 분합의 상분, 양득양파의 양득, 물길 수, 입수에서 혈을 지나 전순까지의 진행 단계가 이해된다. 만약 입혈맥이 없다면 불가능한 혈증이 되어 분합 등이 이루어지지 않는다. 따라서 6악에 대한 주장은 필자가 처음 말하는 것으로 생각된다.

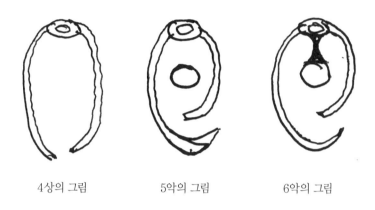

4상의 그림   5악의 그림   6악의 그림

【〈그림 29〉 4상 → 5악 → 6악에 대한 도해】

Ⅲ / 현장 사례

현장을 다니면서 혈증을 확인하여

실제 스케치를 그린 그림으로 5(6)악을 분석했다.

혈증인 5악, 3성, 입혈맥(1악), 혈격, 선룡과 선수, 음중양과 양중음, 1분합,

여기, 양득양파(수), 물길 수, 설기, 혈 4상, 4상의 종류, 종선과 횡선,

심장과 천장, 장법 등에 대해 상세하게 나타냈다.

　풍수 연구의 분석 방법은 현장을 다니면서 6악을 기본으로 분석했다. 분석 장소와 기간은 랜덤식으로 '대권과 풍수'[43]의 안내를 받았거나 임의로 현장에 임해 조사·연구하였으며, 대상의 기간은 코로나 19의 시작으로 관산은 잠정적으로 끝을 맺었다. 분석의 방법은 혈증인 5악, 3성, 입혈맥(1악), 혈격, 선룡과 선수, 음중양과 양중음, 1분합, 여기, 양득양파(수), 물길 수, 설기, 혈4상, 4상의 종류, 종선과 횡선, 심장과 천장, 장법 등에 대해 상세하게 나타내고자 했다.

　5악은 우리 얼굴과 같은 형태로 이마는 입수를, 턱은 전순을, 광대뼈는 좌우 선익을, 코는 혈을 의미한다. 이를 현장에서 찾으면 그것이 바로 혈이 되고 혈증인 것이다. 혈과 얼굴은 유사하다. 입혈맥은 입수에서 전달되어 혈까지의 연결성이다. 이 연결성이 입혈맥으로, 이는 물을 구분되게 분리시켜 주는(나누어 주는) 역할을 한다. 3성은 5악의 주변에 돌이나 흙으로 복잡하게 구성된 별들의 둔덕이다. 귀성은 입수 주변에, 관성은 전순 주변에, 요성은 좌우측의 선익 주변에 존치하는 것으로 해석했다. 혈격은 25격·5격·8격으로 구분된다. 25격은 복잡하고 본 장에서 다룬 내용의 범주에서 벗어나 제외하였다.

43　대구에서 철학관을 운영하며 대권풍수를 매체로 운영하는 천인지가 풍명이다.

5격은 전순에서 나타나며 8격은 좌우측의 요성을 의미한다. 세부적으로 8격은 요성이 길게 뻗은 형태의 파조와 둔덕처럼 생긴 형태의 타탕으로 구분되며 좌파조 우타탕 등 8종이 있다.

선룡은 입수에서 전순까지의 연결성을 분석하는 것이고, 선수는 같은 방향으로 입수 안에서 시작된 물이 전순 앞까지의 물길을 살피는 것이다. 음중양(양중음)은 혈의 형태를 음과 양으로 분석하는 것이다. 1분합은 입수 아래에서는 상분 여부를, 전순 아래에서는 하합 여부를 판단하는 것이다. 여기는 혈에서 남은 힘을 판단하는 것이다. 양득양파는 상분에서의 물과 나가는 곳의 관계를 분석하는 것이다. 물길 수는 와·겸·유·돌에서의 물길 수이다. 와혈은 1길로, 겸혈은 2길로, 유혈은 3길로, 돌혈은 7길로 나가는 것을 분석했다. 설기는 혈의 상태를 관찰하여 판단했다.

혈 4상은 와겸유돌을 구분한 것으로 4상의 종류는 와혈은 정와와 천와 정와와 심와, 협와와 천와 협와와 심와, 변와와 천와 변와와 심와로 구분했다. 겸혈은 장겸에 직겸과 곡겸으로, 중겸에 직겸과 곡겸으로, 단겸에 직겸과 곡겸이 있다. 유혈에는 장유에 대유와 소유로, 중유에 대유와 소유로, 단유에 대유와 소유로 구분했다. 돌혈에는 평돌에 대돌·중돌·소돌이, 산돌에 대돌·중돌·소돌의 6종류로 구분된다.

종선은 입수와 전순의 중앙을, 횡선은 양 선익을 연결하면 된다. 혈심의 깊이를 놓고 심장은 유돌의 전순을 분석하며 와겸은 선익을 기준으로 하여 천장을 한다. 장법은 위와 같은 방법을 총동원하여 혈심의 밑에는 숯을 지표면에는 석회를 덮어 놓아 5(6)렴을 방지한다. 이들 모두는 위와 같은 방법으로 분석했다.

또한 정와와 협와의 명칭은 종선에 길이에 따라 구분했다. 정와는 횡선보다 종선의 길이가 1.5배 미만으로 구분했고, 협와는 종선의 길이가 1.5배 이상으로 차이를 두고 조사했다. 이에 대한 구분의 목적은 풍수 고전에서는 활와나 협와의 명칭 구분을 다루지 않고 있으나 현장에서는 구분의 필요성 및 명확성이 요구됨에 따라 명칭에 대한 개념 정립에 있다. 이에 대해서는 깊이 있고 심도 있는 풍수지리학적인 혈의 의미가 대두됐다.

재차 재론하지만, 혈의 확인은 다음과 같은 방법이 필요하다.

(1) 5악

5악은 ① 선룡, ② 선수, ③ 'j' 마무리, ④ 입수, ⑤ 입혈맥, ⑥ 선익과 연익, ⑦ 음중양과 양중음, ⑧ 종선과 횡선이 확인되어야 한다.

선룡은 입수에서 전순까지의 연결성 확인이다. 선수는 득수에서 혈장 주변으로의 물 빠짐이다. 'j'자는 전순의 마무리로 좌선은 우측에서 마무리, 우선은 좌측에서 90° 이상 틀어진 낚싯바늘의 끝처럼 되어야 된다. 입수는 정돌해야 되며 좌우 선익의 중심점이 되어야 길한 혈이 되는 것이다. 입혈맥은 분합의 시작점이자 종착점이기 때문에 득수된 물을 좌우로 갈라 주는 것이 있어야 했다. 선익과 연익은 입수에서 갈라져 혈을 안아 주는 형태가 되어야 한다. 음중양과 양중음은 양혈과 음혈로 구분되어야 된다. 종선은 입수와 전순의 중앙선을 연결하고, 횡선은 양 선익을 연결하여 모이는 '+' 점이 혈이 된다. 통상 종선이 길면 그 지점에 발끝을 놓고, 짧으면 배꼽을 놓아 전후의 길이에 따른 판단을 해야 했다.

(2) 혈 4상

혈 4상은 ⑨ 혈상의 종류, ⑩ 혈 4상이 결정되어야 한다. 각 혈상의 구분은 각 6종으로 세분하여 해석하며 24개의 혈 종류가 된다. 최종적인 혈 4상은 와·겸·유·돌혈로 분석했다.

(3) 3성

3성은 ⑪ 귀성·관성·요성 ⑫ 혈 5격과 8격을 결정해야 된다. 3성은 입수·
전순·선익에 의한 것으로 분석한다. 혈의 5격은 5형(목화토금수)의 모양으로 8
격은 요성으로 분석한다.

(4) 혈 품격

품격에는 ⑬ 여기 ⑭ 설기 ⑮ 물길 수 ⑯양득양파 ⑰분합을 확인해야 된다.
여기는 혈에서 내려간 힘을 분석한다. 설기는 흙의 삼투압 작용을 이해함으로
써 혈의 누설을 확인한다. 물길 수는 혈상마다 달랐다. 와혈은 1개로 겸혈은
2개로 유혈은 3개로 돌혈은 7군데로 물이 빠져나가야만 자연스럽게 된다. 양
득양파는 혈 4상으로 분석한다. 분합은 입혈맥의 여부를 놓고 분석한다.

(5) 장사

장사에는 ⑱천장과 심장 ⑲봉분의 크기 ⑳상룡(傷龍)과 상혈(傷穴) ㉑장법이
확인·결정되어야 한다. 천장은 와혈과 겸혈의 선익을 놓고 분석하며 심장은
유혈과 돌혈의 전순으로 판단한다. 봉분의 크기 결정은 6악을 보고 판단해야
된다. 상룡(傷龍)은 사람의 배꼽을 기준으로 머리까지의 上을 1로 볼 때 下는
배꼽에서 발까지를 1.6으로 분석하여 입수 쪽으로 올라가 있으면 상룡이 전
순 쪽으로 내려가 있으면 상혈(傷穴)이 된다. 장법은 재혈의 천광 하단부는 숯
을 깔아야 하며 상단부는 석회로 포장되어야 마무리된다.

(6) 보토

혈장에는 ㉒ 보토를 하여야 한다. 이는 5악과 3성 모두를 해야 자연대로 되
는 것이며 자연을 그르치지 않는 법이다. 보토 방법은 5악 전체를 흙으로 성
토해야 되며 3성은 여건이 허락되는 한 보토해야 자연에 버금가는 행위가 되

므로 이는 반드시 필요한 조치이다.

1. 와혈

와혈은 장구(張口)와 장구(藏口)가 있다. 張은 '벌리다', '무엇을 개장한다'라는 개야(開也)의 뜻이며 張口는 벌려진 와혈이다. 藏은 '감출 장'이며 藏口는 보이지 않는 비교적 여며지고 감추진 와혈로 혈 속의 안이 쉽게 보이지 않아야 함을 의미한다. 張口와 藏口의 품질적인 값어치는 藏口가 더 좋다. 그 이유는 간단하다. 혈은 외부에서 쉽게 보이지 않는 즉, 노출되지 않아야 하다는 것이 품격을 높이는 기준이 되기 때문이다. 그러나 이를 혈상의 종류로는 구분하지 않는다. 바깥에서 안이 쉽게 보이는지 그렇지 않은지의 정도 문제로 혈상의 종류와는 무관하다. 따라서 와혈은 정와로 협와로 변와로서 그 깊이에 따른 심와와 천와 여부로 구분한 것이다. 그럼 먼저 정와와 심와부터 나열해 보면 다음과 같다.

(1) 정와와 심와
1) 영천 IC
이곳은 영천 IC에서 영화배우 고 신성일가로 진행한다. 그곳 마을에서 1㎞ 정도 더 진행하다가 보면 우측 골짜기에 저수지가 있다. 그 못 위가 말하는 곳이다.

이 자리에는 5악이 있다. 입수는 정돌하게 우뚝 솟아 있어 육안으로 분별이 가능하다. 우선익은 선용의 힘이 우선으로 돌아 분명하며 좌선익을 감싼 형태로 전순까지 연결되어 좋다. 좌선익은 우선익만큼 분명하지는 않지만, 나름의 둥근 형태로 선을 그리면서 우선익 안으로 굽어진 상태이다. 전순은 우선익을 통하여 생성되었으며 그 아래 3성의 하나인 관성의 형태가 되며 전순과 한 덩어리가 되어 규모가 너무 커 과분할 정도로 좋다.

선룡은 우선이다. 우선익이 발달되어 좌선익을 감싼 것으로 전순까지 감아 돌아가 있어 우선룡이 분명하다.

3성은 전순 아래 아주 큰 암석으로 둔덕처럼 붙어 있어 길한 모양새가 되어 이러한 별의 이름이 관성이다.

혈 4상은 5악에서 말한 바와 같이 종선이 길게 되어 있고 그 비율이 1:1.5 이하가 되어 비교적 균형 있게 형성되어 정와로 판단되며, 선익이 깊고 분명하게 돈 형태가 나타나 심와로 분석된다. 이는 정와이면서 심와의 와혈 명당이다.

종선과 횡선은 비교적 적정하게 되어 있으나 종선과 횡선의 '+' 점 아래로 50㎝ 정도 처진 상태로 봉분이 조성되어 상혈이 염려된다.

입혈맥과 분합은 정법대로 되어 있는 모습으로 상분이 입혈맥에 의해 물은 나누어지며, 하합은 전순 위에서 물이 모여져 나가 하합이 제대로 나타나므로 분합은 올바르게 된 모습이다.

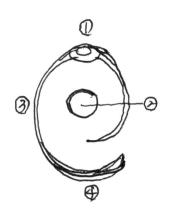

【 〈그림 30〉 정와와 심와의 와혈 】

여기는 없다. 완전히 혈에서 마무리되어 나머지 기는 없어 완전무결하다. 와혈에는 여기가 없어야 하듯 전순이 우선익을 통한 형태로 되어 있으므로 혈에서는 더 내려갈 수가 없다. 혈 아래에는 하합이 되는 곳이므로 물로 되어 있어 여기가 생길 수가 없다. 만약에 여기로 만들어진 선익이 있다면 이는 와혈의 혈상이 아니고 다른 혈상이 된다. 따라서 와혈에는 여기가 없는 것이 정석인데 이곳에는 없으므로 풍수전미한 길한 자리이다.

위와 같은 논리로 분석한 결과는 와혈로 판단되며 〈그림 30〉과 같다. ①은 입수, ②는 혈, ③은 선익, ④는 전순이며 그 아래에는 관성이 웅장한 암석으로 존치되어 아주 듬직하게 생성되어 있다.

2) 남안동 IC

이곳은 남안동 IC에서 용각리 마을로 진입하면 된다. 용각리 마을에서 똑바로 직진하는 방향으로 쭉 올라가면 저수지가 나온다. 저수지 조금 위 우측에 가설 건축물이 있는 곳으로 계곡 건너 능선 상에 있다. 직선거리로 50미터 정도 되는 곳에 혈이 위치한다.

이곳 묘지에는 5악이 있다. 입수는 당돌하게 생긴 형태로 분명하다. 좌선익은 크지 않게 혈을 감아 주면서 우선익을 안아 주고 있다. 우선익은 혈을 기준으로 둥근 형태이다. 선익의 바깥에는 연익이 좌우측에 각각 버티고 있으며 선익을 감싼 형태(물론 혈을 깜싼 모양이다)로 천을 태을의 형상이다. 혈의 크기는 그지 않고 당돌하게 차돌처럼 뭉쳐 있다. 전순은 좌선익과 연결되어 있으며 둥근 형태로 이루어져 있다. 이 자리는 경상북도 의성군 문화원 풍수과정 연구생들과 같이 이장 전에 현장을 확인한 곳으로 장사 후와 비교된다. 자연의 신비로움을 엿볼 수 있는 곳으로 혈이 이런 것임을 일깨우는 장소로 풍수전미한 혈처의 명당이다.

3성은 관성이 두둑하게 금성으로 붙어 있어 길한 작용을 하며 암이 흙 속에 묻혀 있다.

선룡은 입수에서 전순까지 연결된 형태로 좌선룡이며 오른쪽까지 감아져 있어 분명하다. 선수는 선룡과 같은 방향으로 진행되어 좌선수가 된다. 이러한 모양새는 합국으로 품격이 높고 좋다.

혈 4상은 좌우 선익이 둥글게 감아져 있고 전후좌우의 균형이 잡힌 정와이며 선익의 형태가 사람에 의해 만들어진 것으로 착각할 정도의 상하 격차가 큰 심와로서 와혈이다. 따라서 이 자리는 정와이면서 심와의 와혈 명당이다.

분합은 上에서는 입혈맥이 살아 있어 상분이 되며 전순 안에서 아래의 물길은 합해진다. 이는 하합으로 분합의 원리가 꼭 맞게 형성된 곳으로 아주 좋다.

여기는 이루어지지 않는다. 혈 밑에는 하합이 되는 물로서 여기가 없어야 제대로 된 혈인데 이곳이 딱 들어맞는 곳으로 되어 있어 좋다. 와혈의 전형적인 모습으로 〈그림 31〉과 같다. ①은 입수, ②는 혈, ③은 선익, ④는 전순이며 그 아래에 관성이 존재한다.

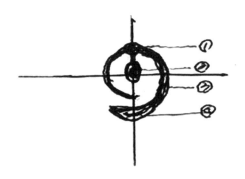

【 〈그림 31〉 정와와 심와의 와혈 】

3) 문경 측량박물관

경상북도 문경시 마성면 하내리 한성측량박물관 뒤 저수지에서 좌측 골짜기로 진입하여 막장까지 가면 묘지가 보인다. (전)대구광역시청 ○○계장의 부친 자리로 필자가 찾은 몇 기 되지 않는 곳 중의 한 개소이다. 이곳은 2019년 12월 11일 임오일(壬午日)에 모친이 운명하여 합장한 장소이다. 상주(喪主)가 이곳에는 5악이 있는 곳이라 하여 포클레인 장비 기사에게 5악을 침범 금지토록 하여 작업을 한 곳으로 5년차 혈 공부를 한 사람이다. 장사 때 수작업을 한 곳으로 부친의 운명으로 이날 재차 합분으로 작업을 했다. 또한 필자가 장삿날 풍수 연구자들을 초청하여 혈중의 증거들을 살펴본 곳이다.

입혈맥이 있어 좌우의 물을 나누어 주었다. 입수는 정돌하게 생겨 분명하다. 전순은 좌선익에 의한 연결로 금성의 형태이다. 좌선익은 크게 둥근 형태로 돌아 우선익을 감싸 안아 주는 모습이며 전순까지 연결된 선익으로 격이 높아 좋다.

이곳 3성은 요성과 관성이 있다. 왼쪽 요성은 여러 개의 바위로 구성되어 길한 모습이다. 관성은 비교적 큰 바위로 형성되어 있으며 그 아래와는 2m 이상 떨어짐이 있어 분명했다.

물길은 1길로 빠져나가 양득 일파로 길수가 된다. 상분은 입혈맥이 있어 분명하게 구분되며 하합은 혈 밑에서 물이 모여지는 현상으로 극히 정상적인 분합이 이루어져 길한 모습이다.

여기는 다른 와혈과 같은 형태로 무결점이다. 이러한 혈은 100% 풍수전미로 완전성이 뛰어나다.

분합은 입혈맥에 의한 상분이 탁월하며 좌선익에 의한 전순의 연결로서 'j' 자가 형성되어 하합이 제대로 됐다. 따라서 1분합은 완전히 이루어져 있어 좋다.

혈 4상은 혈의 폭이 길이보다 좁아 전후좌우가 고른 형태의 정와이며 선익이 분명한 심와의 와혈 명당으로 〈그림 32〉와 같다. ①은 입수, ②는 혈, ③은 우선익, ④는 좌선익, ⑤는 좌 연익, ⑥은 좌 외 연익, ⑦은 우연익, ⑧은 전순이며 그 아래에는 3성의 하나인 관성이 큰 규모로 버티어 있으며, ⑨는 외측 관성과 요성들이다.

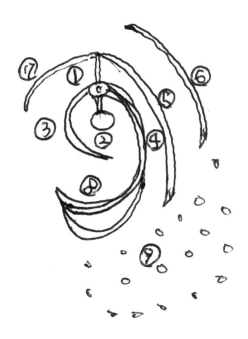

【 〈그림 32〉 정와와 심와의 와혈 】

❖ 참고사항

① 수작업을 원칙으로 한 포클레인 장비는 최소한의 방법으로 작업을 진행했다.

② 인부 4명이 교대로 혈의 음중 양을 수작업으로 천장했으며 장비는 사용하지 않았다.

③ 소리꾼이 없어 재래적인 장사 기법은 재미가 별로였다.

④ 가능한 5악은 축수를 금지했다(장비는 우선익을 침범하지 않았으며 관리인이 혈의 내 용을 알고 있어 장사 기법이 아주 적절했다고 전한다).

⑤ 봉분이 올라져 있는 만큼 혈을 제외한 5악은 보토했다. 우 연익은 자연 그대 로 방치했다. 봉분은 베르누이 원리를 응용하여 마무리했다.

⑥ 포클레인은 우선익의 경계선 앞부분까지만 접근하여 작업했다.

⑦ 6악의 면적: 종선 10m, 횡선 6m, 면적 60㎡(18평)

⑧ 장례 시 준비물

02 포클레인, 전문인 4명(소리꾼 필요), 도구(삽, 괭이, 곡괭이, 호미, 수평대, 경사기, 작두, 흙 골르개 등), 숯/2포대, 석회 20포, 잔디 30평/기당─긴 것, 줄자, 권척, 패철, 제초제, 잔디 종자 등 사용

4) 김관용 전 경상북도지사의 조부모 묘지

경상북도 구미시 고아면 구미─선산 간 국도변의 군부대 안에 위치하고 있으며 김관용 전 경상북도지사의 조부모 자리로 아주 보기 드문 특이한 곳이다. 입수 방법은 쌍귀를 갖춘 형태의 섬룡입수로서 쉽게 보면 용맥의 흐름이 요도성 지각으로 보인다. 이를 자세히 관찰하면 〈그림 33〉의 ①의 위(上)는 가는 쪽의 귀성으로 힘(氣)이 역류되어 재차 좌선으로 들어오는 모양으로 이는 요도가 아니다. 이러한 섬룡입수는 괴혈성의 혈로 흔하지 않는 입수 방법 중의 하나로 큰 특징이다.

5악의 입수는 정돌하며 역룡으로 들어온 것으로 이러한 용은 힘이 대단하다. 전순은 왼쪽 선익으로 연결된 것으로 좌선으로 연장되이 전순까지 진행되어 마무리됐다. 우선익은 좌선익에 들어간 형태로 좋은 모양이다. 좌선익은 우선익을 안은 모습으로 좋게 형성됐다. 그 형태가 전후좌우가 균형 있게 이루어져 시각적인 효과가 크며 좋다.

3성은 요성과 관성이 있다. 요성은 좌선에 의해 생성되어 있으며 8격은 좌선익에 의한 타탕으로 이루어져 있으며 관성은 전순의 끝부분에 위치해 힘이 넘친 듯 했다.

입혈은 입수에서 혈까지의 진입되는 맥

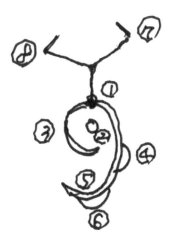

【 〈그림 33〉 혈상도 】

으로 물이 갈라지도록 되어 있어 상분이 분명했다.

선룡은 입수에서 전순까지의 연결성이 좌선으로 되어 있어 이에 의한 힘이 대단해 도지사의 영향과도 일치된다고 유추해 본다.

물은 입수에서 입혈맥의 영향으로 갈라져 양득이 되며 전순 안에서 모여지는 형태의 합수가 되어 일파가 된다.

물길은 일파에 의한 물로 한길로 나가는 것으로서 그 힘이 대단하다.

여기는 혈에서 마무리된다. 전순으로의 연결성이 더 이상 되지 못하므로 흘러간 힘이 없어 좋다.

와혈의 설기는 일반적인 혈상의 여기와는 다르게 없어야 좋으므로 이곳은 그러한 모양새이다. 설기가 없는 무결점으로 높이 평가된다.

혈상의 종류는 앞에서도 언급하였지만 전후좌우의 균형이 잡혀 있는 모양으로 정와이며 그에 따른 선익이 분명하게 나타나 있어 심와가 되는 와혈 명당이다.

5) 무명인의 생지

경상북도 의성군 ○○면 사무소 주변에 있다. 생지로서 관리자가 밝히기를 거부하는 장소이다.

이곳 자리 또한 5악이 있다. 입수는 주변의 형질로 변화됐으나 평탄한 모양새이다. 좌측의 선익은 깊게 형성되어 분명하다. 우측의 선익도 비교적 양호하게 전개됐다. 전순은 산길로 훼손되었으나 돌아감이 있어 유심히 지표면을 읽어 보면 나타난다. 혈심은 음중양으로 양이 나타나 있다.

선룡은 좌선이다. 전순은 좌선익의 연결로 선룡과 같이 돌았다.

좌선으로 돌아간 물길은 우측으로 빠져나가 하합은 좋다.

혈상은 전후좌우가 균형되어 정와이며 좌선익이 입맥으로 돈 심와의 모습이다. 이는 정와인 동시에 심와의 와혈 명당이다.

【 〈그림 34〉 정와와 심와의 혈상도 】

6) 이집의 묘지

이 자리는 입향조 묘지로 경상북도 칠곡군 지천면 창평리 광주이씨 재실 좌측 산에 있다. 이곳은 너무나 많은 성토와 측대로 형상이 무디어져 있어 참으로 좋지 못한 방법으로 장사되어 개선의 여지가 남는 곳이기도 하다.

이 자리는 아주 특이하다. 선룡이 그렇다는 것이다. 통상 선룡은 입수에서 전순까지의 연결성을 의미하는데, 그 연결은 안쪽이 아닌 바깥쪽 선익으로부터 연결된다. 이곳의 전순은 달랐다. 전순으로의 연결은 내측의 선익이다. 필자가 본 선익과의 전순의 관계가 이상한 곳으로 새롭게 보는 자리이다. 즉, 선익의 밖이 아니라 안쪽의 선익이란 점이다. 풍수 혈은 통계로 본다는 것이 있지만 아주 특이한 곳으로 판단되며 다른 곳과의 차이점이다. 이러한 사항은 풍수 혈을 분석하면서 유일하게 처음 얻어 낸 결과물로, 대단한 것을 발견한 곳이다. 참으로 자연의 위대함을 경험한 곳이기도 해서 필자 자신의 마음이 한결 복잡하게 작용된 곳이다. 따라서 이곳은 우선룡이 아닌 좌선룡의 자리로 판단된다. 추후 관산 안내 시 선룡의 뜻을 한층 더 가미해야 하는 아주 중요

【 〈그림 35〉 정와와 심와의 와혈 혈상도 】

한 곳이다.

이곳의 묘지는 일렬종대로 나란히 3기가 있어 풍수 혈 찾기의 경연장으로서도 좋다. 의미는 혈증의 찾음이다. 묘지 아래를 보면 6m 정도의 석축이 쌓여 있어 6악의 흔적이 없는 듯하나 현미경 투시 방법으로 살펴보면 전순과 좌우의 선익이 있다. 그들은 분명하게 나타난다. 봉분의 앞에 이러한 혈증들이 있기 때문이다. 전순은 금성의 형태로 좌선익과 연결됐다. 좌선익에 의한 전순은 우선익이 보호해 주는 형태로 이루어져 있다. 입혈맥은 아주 좋게 형성되어 좌우로의 물을 분배한다. 주변의 사신사가 좋아 그야말로 8대 명당으로 분석되는 곳이기도 했다. 아마도 4신사로 이 자리를 잡은 듯 생각되는 곳처럼 장풍으로 보는 안목은 대단하다.

혈상은 와혈이다. 세부적인 종류는 전후좌우가 균형된 정와이며 그 깊이가 깊은 심와로 와혈 명당이다.

(2) 정와와 천와

1) 강연 묘지

강연 묘지는 경기도 고양시 덕양구 대자동 400번지에서 계곡부로 진입하여 올라가면 된다. 이효지와 같은 번지로 묘역은 떨어져 있다.

이곳에는 5악이 있다. 입수는 돌출된 부분이 있으나 형질 변경으로 확인이 어려우며 전순의 마무리는 우선으로 한 것이 특징이다. 우선익은 선익 아래 탁이 붙어 있어 우측으로 선룡이 되도록 한 것이 보인다. 좌선익은 우선익보다 짧게 되어 안쪽으로 들어간 형태이다.

선수는 같은 우선으로 선룡과 물길의 방향이 되어 우선으로 흘러 나가는 형태가 되므로 선룡선수의 흐름은 동거이다. 산수 동거는 좋지 아니하게 평가되나 혈장에서는 반대적인 개념으로

【 〈그림 36〉 정와와 천와의 와혈 】

같은 방향으로 가야 좋은 것이다. 그 이유는 혈장에서는 같은 방향으로 흘러가는 것이 자연의 이치이다. 이유에 대해서는 다른 장에서 평가할 것이다.

분합의 상분은 훼손되어 구분하기 어려우나 하합은 전순이 왼쪽으로 돌아간 형태이며, 돈 흔적이 좌측 산신석 주변에 보인다. 이러한 모양으로 분합은 조화롭게 되어 아주 좋다.

전순은 여기로 되는 것이 일반적이나 와혈은 특이하게도 혈의 전달로 이루어지지 않는다. 전순은 선익으로 연결됐기 때문에 여기는 만들어지지 않는 것이다. 따라서 이곳의 혈은 올바른 방법으로 형성되어 풍수상 좋다.

혈상은 상하의 길이가 좌우의 길이보다 1.5배 이하로 정와이며 선익의 깊이는 얕아 천와로 판단되는 와혈 명당이며 〈그림 36〉과 같다. ①은 입수, ②는 선익, ③은 혈, ④는 전순이다.

2) 삼각형 전순

해인사 IC에서 합천으로 진입하다가 산속에 위치하는 곳이며 안내자 없이는 찾아가기가 곤란한 자리이다.

이 자리 역시 5악이 있다. 입수는 혈전의 측면에서 보면 돌출된 곳이 뚜렷하다. 전순은 삼각형으로 된 것이 특징인데, 아마도 목형으로 보기가 좋다. 좌선익은 뚜렷하지는 않지만 미미하게 나타난 현릉이 있다. 우선익은 전순과 연결되어 있어 비교적 뚜렷하게 보이며 전순의 연결성이 우수하다.

3성이 보인다. 우측에는 요성이 탁으로 형성되어 있다. 이 요성은 흙으로

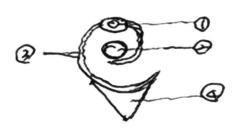

【 〈그림 37〉 정와와 천와의 와혈 】

된 둔덕으로 보기가 부드럽다. 전순에도 요성과 같은 크기의 관성이 있어 규모가 있고 양호하게 생겼다.

분합의 상분은 입혈맥에서 갈라져 나온 물길이 나누어지게 되어 적절하며 하합은 삼각형 전순의 안쪽에서 이루어져 있어 좋다.

물길은 하합에서 모아져 왼쪽으로 나가는 바람직한 물길이다.

여기는 없다. 일반 와혈에서의 특징과 같다. 혈이 덩어리로 응결되어 마무리함으로써 길하게 생겼다.

4상은 상하의 종선이 바른 정와이면서 깊이는 얕은 천와의 와혈 명당이며 〈그림 37〉과 같다. ①은 입수, ②는 혈, ③은 우선익, ④는 전순이며 그 아래 삼각형이 관성이다.

3) 김천 농소

경상북도 김천시 농소면 면사무소에서 남서 방향으로 400m쯤 지나 마을회관 뒤쪽에 있는 대나무 숲속에 묘지가 위치한다.

이곳 역시 5악이 있다. 입수는 좌우 선익이 만나는 곳으로 조금 돌출했다. 전순은 좌선익과의 연결로 마지막 가는 곳에서 이루어져 둥근 형태로 되어 있다. 우선익은 짧게 형성되어 있다. 좌선익은 우선익을 안고 있으며 둥근 형태로 깨끗하다.

3성이 있다. 보기 드물게 입수 뒤에 귀성이 존재한다. 자연의 위대함이 느껴지는 곳이다. 붙어 있는 귀성이 역의 논리로 가는 길을 멈추도록 하는 형태로 되어 있는 것이 특징이다. 좌측에는 요성이 산맥의 진행 방향을 완전히 틀어 놓았다. 틀어진 혈의 형태가 90° 방향으로 되어 횡혈[44]이라 한다.

선룡은 좌선익이 우선익을 감아 좌선룡이 되며 선수 또한 좌선수로 합격이 된다.

분합은 있다. 상분은 입혈맥의 영향으로 물이 둘로 나누어진다. 하합은 우측 선익 안쪽의 물이 좌측으로 가며 좌선익에 의한 안쪽의 물이 우측으로 간 것이 되어 하합이 이루어진다.

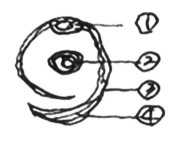

【 〈그림 38〉 정와와 천와의 와혈 】

물길은 하합의 원리로 1파가 되어 우측으로 나간다.

여기는 여느 와혈과 같다. 와혈에서 여기는 없다. 그렇게 해야만 올바른 혈이 되는데 이곳 역시 그렇다.

종선은 입수와 전순을 놓고 연결하면 정확하게 정혈되었으며 그 모습이 분명하다. 횡선은 좌우측의 양 선익을 연결하면 + 자 가 형성된다. 이를 놓고 보면 지금의 묘지는 1m 정도 내려가 있어 상혈[45]이 된다. 상혈은 혈을 다치게 함으로써 좋은 기운을 감하게 되므로 정혈의 중요성을 일깨우는 장소이다.

혈상은 종선의 길이가 균형 있는 정와이며 좌우의 선익이 미미하게 형성된 천와로 분석된다. 이 자리는 여러 가지 혈증이 증명된 명당이며 〈그림 38〉과 같다. ①은 입수, ②는 혈, ③은 좌선익, ④는 전순이다. ①의 입수 뒤에는 당배 귀성이 아주 크게 둔덕처럼 존재한다.

---

44 횡혈은 오는 방향에서 90°를 틀어 들어가 혈을 양산하는 것이 특징이다.

45 종선과 횡선의 가시로 혈의 중심을 찾으면 '+' 자가 생긴다. 이 '+'가 혈심인데 아래로 내려가면 혈을 다치게 했다 해서 술사들은 '상혈'되었다고 표현하며, '+' 자 위로, 즉, 입수 쪽으로 묘지를 쓰면 용이 상했다고 하여 '상룡' 되었다고 표현한다.

4) 합천 해인사 IC 부근 민묘

이곳은 경상남도 합천군 야로면 해인사 IC에서 거창 방면으로 1㎞ 정도 가면 우측 첫 번째 마을 어귀에 있다.

이 묘지에는 5악이 있다. 봉분 위쪽 좌우 측면에서 보면 경사의 흐름이 일정하지 않은 곳이 나타난다. 그 부분이 입수이다. 좌선익은 희미하게 진행되어 마무리했다. 우선익은 좌선익을 감아 돌아 봉분 앞 전순으로 연결됐다. 산죽이 있는 부분은 전순의 하단부로 그 아래 집을 지으면서 일부 손상됐다. 전순은 우선익과 연결되어 혈의 좌측까지 진행되어 마무리해 좋다. 혈심은 상룡이 되어 50㎝ 상부로 붙어 장사됐다. 상룡은 입혈맥을 손상시켜 내려오는 기를 약하게 한다.

3성이 있다. 우측 요성이 있었으나 묘지 훼손으로 손상된 흔적이 있는데, 그 이유는 우선으로 인한 선룡이므로 자연스럽게 우측에는 요성이 붙어야 한다.

입혈맥은 미미하지만 좌우의 물을 구분 지어 주므로 물은 분리되어 뚜렷했다. 이러한 작용은 입혈맥의 영향으로 물을 갈라 주는 것이 분명하기 때문이다. 입혈맥의 관찰은 입수를 보는 방법과 같이 봉분의 좌측이나 우측으로 이동해서 눈높이를 지면에 맞추면 중심맥의 흐름을 볼 수 있다. 입수는 내려오는 맥을 찾아보면 되고 선익은 입수에서 갈라져 측면으로 둥근 형태가 되는 것을 발견하면 되며 전순은 어느 한쪽으로 돌아감을 읽어 내면 된다. 이렇게 5개소가 확인되면 그것이 혈증이다. 이러한 방법으로 5악을 분석하면 혈은 쉽게 찾게 될 것이며 다시 한 번 더 재차 검증하는 방법으로 접근하면 쉽게 분석된다.

선수는 선룡과 같은 방향인 우선수로 선익이 우선으로 돌아가는 형태대로 진행하는 것이 물길이다. 따라서 선수는 선룡과 같이 진행함이 확인된다.

분합은 선익의 좌우에서 내려온 물이 전순 위에서 합수된다. 이것이 하합이다.

여기는 없다. 입수에서 내려온 에너지는 혈
에서 100% 머물러 마무리됐다. 그러므로 여
기는 존재하지 않는다. 와혈은 여기가 없어야
되는 것이 원칙이다.

양득은 되지만 양파는 일파로 되어 좋다.

종선은 입수와 전순을 일렬로 연결한 선이며

【 〈그림 39〉 정와와 천와의 와혈 】

횡선은 양 선익을 횡으로 이은 선으로 '+'가 혈
심이나 위로 약간 올라가서 묘지를 조성함으로써 상룡[46]이 확인됐다.

혈 4상의 종류는 정와와 천와의 와혈 명당으로 〈그림 39〉와 같다. ①은 입
수, ②는 좌선익, ③은 혈, ④는 전순이다.

5) 국도변 민묘

경상남도 울주군 웅촌면 하대마을(금릉 김씨 집성촌) 국도변에 위치한 민묘로
여타 묘지와 유사하다.

이 자리는 5악이 있다. 입수는 봉분 조성으로 평입수 인 듯 분명하지 않다.
우선익은 짧게 형성되어 선익의 2분의 1 정도 되게 구성됐다. 이에 비해 좌선
익은 길게 둥근 형태로 봉분을 감아 전순과 연결되어 마무리했다. 전순은 좌
선익과의 연계로 잘 이루어져 있어 좋다.

3성은 귀성이 있다. 이 귀성은 크지 않은 작은 암으로 조그만 형상만 표토
에 나타나 있으나 대부분 지표 아래 묻혀 있어 길한 모습이다.

선룡은 좌선익이 긴 좌선룡이며 물 또한 좌선수로 분명하다. 물길 아래에는
땅 조직의 형태가 도량으로 확연히 나타나 쉽게 보인다.

---

46 상룡은 용을 상하는 것이고, 상혈은 혈을 상하게 되는 이치이다. 올려 사용하면 상단부의 용을
   상하기 때문에 상용이 되며, 내려 쓰면 혈의 하단부를 상하므로 혈이 손상되어 상혈이라 한다.

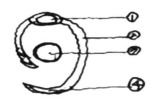

【 〈그림 40〉 정와와 천와의 와혈 】

종선은 평활한 입수지만 중앙점이 확인되어 시작점을 종선으로 전순까지 연결이 가능하다. 횡선은 양 선익을 연결하면 지금의 묘지는 50㎝ 정도 내려가게 되어 혈을 다치게 하는 상혈의 모습이다.

물줄기는 상분 하합으로 1줄기로 빠져나간다. 여기는 와혈로 없다.

혈 4상은 좌우의 폭보다는 종선의 길이가 비슷한 정와이며, 선익의 높낮이가 낮은 천와로 현릉이 있어 좋다. 이 형태는 〈그림 40〉과 같다. ①은 입수, ②는 좌선익, ③은 혈, ④는 전순이다.

6) 일본 거부

일본에 거주하는 손정의 거부의 증조모 자리이다. 위치는 팔공산 일직 손씨들 문중 묘지 속에 있다. 이 묘지는 좌선으로 곡맥(曲脈) 형태로 진입하는 것으로서 힘이 크며 5악이 있는 곳이다. 입수는 쳐들어 있어 양돌한 형태이다. 좌선익은 선룡이 좌선으로 돌아가 마무리되어 전순과 연결됐다. 하지만 선익의 모양이 미미하기 때문에 묘지의 측면에 가서 눈높이를 맞추어야 돌아가는 윤곽선을 찾아낼 수 있다. 우선익은 미미하고 작게 돌아 좌선익에 포함됐다.

종선은 입수와 전순으로 연결되며, 횡선은 규모가 큰 좌선익에 기준을 둬 횡선을 놓아서 보면 정혈(定穴)로 장사가 된 것으로 판단된다.

분합은 입혈맥으로 분수되어 전순 위에 합수된다.

여기는 이루어지지 않는다. 전순이 좌선익에 연결됨에 따라 여기는 없다. 양득에 양파는 아니고 일파다. 분합과도 맥락이 같아 겸혈에서 나타나는 양득양파는 아니므로 길한 모습이다. 이는 와혈에서의 가장 큰 특징이자 우등이 되는 길한 혈이다.

혈 4상은 평지의 돌혈로 보이나 혈증이 와혈이다. 종선의 길이가 균형 잡힌 정와이며 선익의 높이가 낮은 천와의 와혈이다. 이 형태는 〈그림 41〉과 같다. ①은 입수, ②는 혈, ③은 좌선익, ④는 전순이며, ① 입수 뒤 점선은 좌로 둥글게 돌아가는 형태의 곡맥 그림이다.

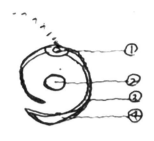

【 〈그림 41〉 정와와 천와의 와혈 】

7) 김 앤 장의 조상 묘지

이 자리는 김 앤 장[47]의 대표 변호사인 김영무 변호사의 조모, 부, 모의 묘지로 경기도 파주시 조리읍 장곡리 산 73번지와 부모는 봉일천리 62-353번지로 리는 다르나 같은 묘역 내에 있다.

①은 조모의 자리로 힘의 균형이 약해 보이는 곳이지만 5악이 있다. 입수는 좌측에 방향을 틀어 주는 요도가 있지만 이것을 놓고 좌선룡으로 보기가 쉽지만 그게 아니다. 조금 내려오면 우측으로 큼지막한 요성인 탁이 붙어 우선으로 돌아가도록 했다. 묘지 앞에 나무가 심긴 것을 쭉 돌아보면 봉분의 왼편 나무 부근은 일정하게 경사진 것이 아니다. 이것이 오른쪽의 요성으로 밀어 준 사(砂)가 왼쪽 나무가 있는 곳까지 돌아와 있는데, 그곳은 작은 골짜기로 묘지 앞에서의 물길이 그곳으로 나간다. 이러한 사가 우선익이며 전순의 마지막이 되는 것이다. 이에 비해 묘지 조성 시에 많은 형질 변경으로 좌선익은 보이지 않지만, 여타 다른 곳에서의 형태를 반영하면 당초에는 있었을 것으로 유추된다.

선룡은 우선이며 선수는 앞에서 설명한 바와 같이 좌선으로 물이 빠지므로

---

47 1조 원대의 변호사 수임료와 우리나라 최고의 법률회사로, 초임 연봉이 1억이 넘는 엘리트 코스의 지름길로 통하는 변호사들의 집합체. 직원들의 수효가 1,200여 명으로 정평이 나 있는 변호사 법률사무소이다.

선룡과 같은 우선수이다.

형질 변경을 많이 한 묘지 조성으로 확인은 어려우나 다른 개소에서의 이해로 정와이면서 천와로 유추된다. 다만 형질의 변경이 깊어 올바른 혈이라 해도 발복의 백분율에서 다소 불리한 조건이 작용할 것으로 분석된다.

②는 부의 자리로 이곳에는 곡맥(曲脈)[48]이 있다. 곡맥의 아래에 묘지가 있는데 이곳 역시 5악이 있다. 입수는 평입수로 곡맥의 흐름에 속하여 분명하지 않다. 전순은 곡맥의 영향으로 우측의 봉분 아래 방향으로 둥글게 돌아 마무리했다. 이것이 좌선익에 의한 전순이다. 우선익은 많은 형질로 보이지 않으나 있었을 것으로 짐작된다.

3성은 곡맥의 선룡이 좌선으로 좌측 부근에 요성이 있었을 것으로 생각된다. 봉분의 아래에는 조금 경사진 방법으로 평탄 작업을 하여 나무를 심어 놓았으나 우측 가장자리에 골짜기가 보이며 이곳으로 물길이 되어 파(派)가 예상된다. 혈 4상은 ①과 같다. 그러나 밑에서 본 형태가 'j'자로 멈춘 증거가 분명한 곳으로 명당으로 생각된다.

③은 모의 자리로 좌선룡으로 마무리된 곳이다. 이곳 역시 5악이 있으나 너무나 많은 형질 변경으로 보이지는 아니하지만 봉분에서 보면 'j'자로 틀어진 점으로 그 하단부에 골짜기가 있다. 이 'j'자가 전순이며 좌선에서 연결된 것으로 좌선익이다. 우선익은 형질이 많이 되어 보이지 않는다. 그러나 3성인 우측 요성이 붙어 있다. 입수는 다니는 등산로로서 형질이 많아 확인되지 않는다. 다만 'j'자의 형태가 분명해 정와로서 천와로 분석된다. ①, ②, ③ 모두 정와와 천와의 와혈로 판단되며 김 앤 장의 법률사무소의 능력에 대한 논리와 부합된다고 본다. 이 형태는 〈그림 42〉와 같다. ①은 입수, ②는 좌선익, ③

---

48 곡맥은 박정희 전 대통령의 생가 뒤 용맥이 입수처로 굽어서 들어오는 곡맥이며, 일본의 백만장자 증조모의 자리가 입수처로 굽어서 들어오는 곡맥이다. 이러한 맥은 3곳에서 확인된다.

은 혈 ④와 ⑤는 전순이다. 첫 번째 그림 조모의 묘지에서는 ③ 대신에 ④로
표시되었으며 그 그림에서 ⑥은 요성이다.

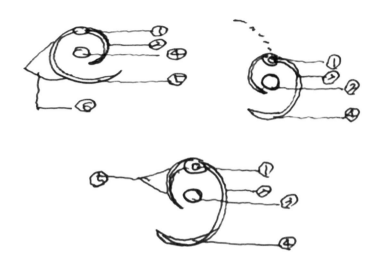

【 〈그림 42〉 정와와 천와의 와혈(조모, 부, 모의 묘지) 】

8) 경상북도청 너머 개인 민묘

경상북도 안동시 도청 너머 동네에서 검무산으로 들어가는 입구에 있다. 이
묘지는 김천의 농소회관 뒤와 같은 형태인 횡혈로서 5악이 있다. 입수는 정돌
해 뚜렷하다. 좌선익은 맥선을 따라 둥근 형태로 마무리했다. 우선익은 입수
에서 갈라져 나온 것으로 좌측 선익 속으로 들어간 상태로 있다. 전순은 입수
에서 내려가는 좌선익의 끝 지점에 생성됐다. 가지런하게 생긴 전순으로 마무
리됐으나 장사로 인해 일부가 훼손됐다.

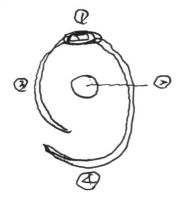

【 〈그림 43〉 정와와 천와의 와혈 혈상도 】

3성은 귀성이 있는 것이 특이성이다. 귀성은 당배[49] 귀사로 그 힘이 아주 크다. 직접 묘지로 진행하기 위한 방법의 귀사로 혈장으로 진입을 하는 귀사이다. 묘지의 좌측에는 요성이 있다. 맥로를 보면 크지 않은 암이 존재하는데 이것이 요성이다.

종선은 입수와 전순을 일직선으로 하여 연결된 상태로 되어 있으며 횡선은 좌우측의 선익을 중심으로 해서 횡선이 완성된 듯하며 정혈로 보인다.

선룡은 좌선이며 물은 좌선수로 동행하고 있어 거수가 된다.

혈 4상은 좌우보다 종선이 긴 형태이나 1.5배 이하로 정와가 되며 혈의 깊이는 선익이 얕은 천와로 와혈 명당이다.

〈그림 43〉에서 나타난 바와 같이 ①은 입수, ②는 혈, ③은 우선익, ④는 전순이다.

9) 김계원 비서실장의 조상 묘지

경상북도 영주시 봉현면 오현리 좌측 골짜기 산으로 김씨 문중 묘지 내에 위치한다. 이 자리 역시 5악이 있다. 입수는 정돌하다. 입수를 보기 위해 지표면을 밟고 보면서 확인하면 입수가 쉽게 보이지 않는다. 입수 되는 부분의 측면에 가서 맥선의 눈높이를 맞추면 맥선의 흐름이 일정하지 않다. 경사의 흐름이 일정하게 흐르는 곳의 아닌 부분이 발견된다. 그러한 지점을 맥선의

---

49 당배 귀사는 구기 종목인 당구(撞球)로 撞은 '칠 당'자로 곧장 망치로 쳐서 혈로 들어가도록 하는 역할의 힘을 가진 귀사이다.

지표면과 상호 비교하면 나타난다. 그 지
점이 입수이다. 좌선익은 둥근 형태로 돌
아 전순에로 연결됐다. 전순은 우측 부분
끝까지 돌아 마무리했다. 우선익은 좌선
익 안으로 들어가 있어 좋다.

3성은 있다. 좌측 요성이 탁으로 형성
됐다. 우측과 전면에는 3성이 없다.

분합은 잘 이루어져 있어 좋다. 상분과
하합이 이루어져 분합은 정격이다. 여기
는 없다.

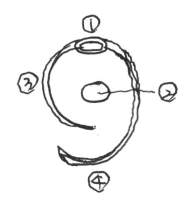

【 〈그림 44〉 정와와 천와의 와혈 혈상도 】

혈 4상은 좌우보다 전후가 1.5배 이하로 조금 긴 형태로 정와이며 깊이가
얕은 천와의 와혈 명당이다. 〈그림 44〉에서 나타난 바와 같이 ①은 입수, ②
는 혈, ③은 우선익, ④는 전순이다.

10) 충청감사 강자명의 묘지

자명의 아들 수인은 부호군 손자 계원은 동추 금환은 예조판서를 배출한 명
문 가문이다. 경기도 양평군 옥천면 신복리 산 301(내비 산 299-4)번지에 위치
한다. 묘지 아래에는 개인 주택이 있으며 이 자리에는 5악이 있는 곳으로 입
수는 다른 묘지로 인해 불분명하다. 우선익은 전순까지 연결되어 90° 이상 돌
아 좌측으로 마무리됐다. 좌선익은 잘 보이지 않지만 짧게 형성된 듯하다. 전
순은 선익으로 연결되어 금성의 형태로 마무리됐다.

선룡은 우선이며 선수도 우선이다. 3성은 우측에 요성이 있다. 요성은 탁으
로 형성됐다.

종선은 일직선으로 되어 있으며 횡선은 좌우측의 선익에 의해 이루어졌다.

입혈맥은 분합을 보면 정상적으로 형성된 듯했다. 여기와 설기는 없다. 와

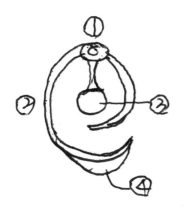

【 〈그림 45〉 정와와 천와의 와혈도 】

혈은 없는 것이 아주 좋은 현상이다.

혈 4상은 종선의 길이가 조금 긴 정와로 보이며 선익의 깊이는 얕아 천와로 판단했다. 따라서 정와이면서 천와의 와혈 명당이다.

그러나 이 자리는 우선의 논리에는 맞지 않게 이루어졌다. 그것은 진입로가 오른쪽에 위치함에 있다. 선룡이 우선이므로 진입로는 왼쪽에 있어야 함에도 오른쪽으로 다니곤 했다. 적절한 모습은 아니다.

또한 이 자리는 양득양파이다. 와혈임에도 불구하고 양득양파로 봉분이 만들어져 있어 풍수 상식에 벗어났다. 와혈은 양득일파가 정상적인 당판의 구조임에도 불구하고 양득양파로 물에 대한 손실이 크게 보인다. 자세한 표현은 〈그림 45〉와 같다.

11) 이징석 장군 묘

경상남도 양산시 명곡동 명곡새마을길 46번지로 대학교 뒤편으로 진입하면 된다. 이 묘지는 양산이씨 시조 묘이다.

5악이 있다. 입수는 규모가 큰 봉분으로 쉽게 나타나지 않는다. 우선익 또한 마찬가지로 확인이 어렵다. 다만 전순은 분명하다. 좌선룡으로 진입한 것이 확인된다. 선익은 2겹이나 주변이 다량의 형질 변경으로 분명하게 확인되지는 않지만 백일홍이 선 자리가 전순과 그 아래에 발달된 전순이 2중으로 되어 있는 점이 돋보인다. 봉분은 크지만 밑으로 산사태가 나 있어 위험하나 전순이 있어 내려갈 기미는 거의 없다.

3성은 보이지 않지만 좌선룡으로 인한 요성은 있었을 것으로 추측된다. 전

순의 형태가 겹겹으로 되어 있고 봉분이
장군 묘지처럼 크게 조성되어 있음이 이를
가늠하게 한다.

　2중 전순의 흐름은 좌선익으로부터 연
결되어 우측으로 물결이 흘러간다.

　묘지의 규모가 큰 것으로 시조 묘지라
는 성격과는 일치하나 혈이라는 개념과는
거리가 있다. 혈은 크지 않고 작기 때문

【 〈그림 46〉 정와이면서 천와의 와혈도 】

이다. 혈의 크기에 맞게 봉분이 조성되어
야만 올바른 장사가 될 것이며 발복 차원에서도 문제가 따르지 않는다.

　1분합에 의한 물은 하합이 전순 위에서 끝나므로 완전히 마무리됐다.

　이에 비해 아쉬운 점이 나타난다. 앞에서 언급했듯이 봉분이 지나치게 크다
는 점, 이에 따른 과다한 형질 변경, 묘지 주변이 도시 계획으로 많은 변화 속
에서의 형태, 이에 따른 무관심하면서도 산만한 주변 환경이 심히 우려되고
염려스럽다. 이와 함께 봉분 우측의 편백나무 등의 나무 심기는 잘한 것으로
평가된다.

　혈의 4상은 좌우측의 혈판이 균형을 유지하고 있어 정와로 판단되며 선익의
불분명으로 누워 있는 형태로 보여 천와로 판단된다. 따라서 이 자리는 정와
이며 천와의 와혈 명당이다.

12) 신봉길 인도 대사의 증조부모 묘지

　경상북도 의성군 금성면에 위치한 인도 대사의 형제들은 서울에서 대학교
를 나와 시골에서는 드물게 학업에 뛰어난 집안으로 아버지는 통일주체국민
회의 대의원 등을 역임했다.

　이 자리 역시 5악이 있다. 입수는 둥근 형태로 돌출되어 정돌하다. 우선익

【 〈그림 47〉 정와이면서 천와의 와혈도 】

은 좌선익 속에 들어가 있으며 좌선익은 전순과 같이 연결되어 좋다. 다만 진입하는 길이 전순을 형질 변경시켜 정상적인 역할이 무디게 했다. 이 점은 시정되어야 할 것으로 보인다.

입혈맥은 형질 변경으로 겨우 살아 있는 형편으로 억지로 물을 좌우로 갈라 주는 역할을 한다.

3성은 좌측에 타탕의 형태가 붙어 있어 좌선익이 강하게 나타나 좋다.

선룡은 좌선이다. 입수부터 좌선에 의한 진입으로 전순까지 연결된 것으로 힘의 크기가 크게 보이는 것으로 좋다.

여기는 없고 설기도 없는 혈로 좋다. 보기에 좋은 떡이 먹기도 좋다.

물길은 2군데로 갈라져 전순 위에서 모아져 1길로 나가게 되어 있으나 지금 상태는 전순 앞으로 물이 곧장 빠져나가 효과 면에서 손해되는 모양새로 좋지 못하다.

혈상은 전후 좌우의 거리가 유사하며 좌우 선익이 희미하게 나타나 있어 정와와 천와의 와혈이다. 좌선으로 남자들이 득세함이 엿보인다.

13) 무일푼에서 수백억대의 갑부

경상북도 영주시 문수면 월호리 산 205번지이며 주차는 1261번지에 하면 된다. 이 묘의 주인은 자기 산이 아닌 다른 사람의 산에 매장되어 있다. 묘지의 주인공은 찢어지게 가난하게 살았다고 알려져 있지만, 그의 아들은 풍산금속 상무 출신으로 수백억대의 재산가이며 손녀는 공인회계사 출신이며 손서는 광장 법인의 변호사로 현재 이재용 삼성부회장의 변론을 담당하고 있다.

이러한 후손의 영향에 대해서는 '이것이 바로 미신이 아닌 풍수구나!' 하는 생각이 절로 나는 곳으로 이 땅을 보고 지혈을 한 지관이 누구인지가 상당한 의미가 가미되는 곳이기도 하다. 이 장소를 점지한 지관이 바로 명지관이며 나라를 사랑하고 한 개인의 가족을 빛나게 하는 국풍이 아닌가 하는 마음이 든다. 살아 있다면 그분의 말씀을 들어 봤으면 한다.

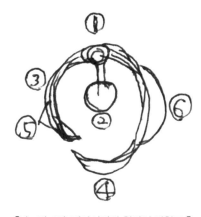

【 〈그림 48〉 정와이면서 천와의 와혈도 】

이 자리 역시 6악이 있다. 뚜렷한 입수에서 선룡이 좌선으로 선익을 통한 전순까지 'j'자로 연결되어 있어 입수와 좌선익 전순 모두가 좋다. 이것이 좌선룡의 정형된 형태이다. 우선익은 비교적 짧게 형성됐다. 그 옆에는 3성인 요성이 드러나 있어 형상이 볼만하다. 혈은 정혈이 된 듯하다. 다만 혈심의 높이가 문제이다. 많은 성토로 우뚝 서 있어 높게 이루어져 있다. 이러한 장법은 기의 개념이 적정선(기준선) 위로 지나가게 됨으로써 풍수 효율성 측면에서 보면 문제가 된다. 지양되어야 할 장법이 이런 곳임을 확인시켜 주는 곳이다.

입혈맥은 입수 뒤가 고총으로 되어 있으나 좌선익의 시작점은 확인된다. 이곳 입수에서 봉분으로의 천심이 내려가 좌우의 물이 분리된다. 따라서 입혈맥이 분명한 곳으로 상분이 자연스럽다.

여기와 설기가 없어 좋다. 분합은 입혈맥이 있으므로 좌우의 물을 갈라 주는 상분이 좋으며 하합은 전순의 앞에서 좌우의 물이 합수된다. 이는 상분과 하합이 되어 좋다.

좌우의 물로 양득이 되며 하합에서 하나의 물길이 되어 1파가 된다. 1파는 혈상에 맞게 되어 아주 좋다. 이러한 조건으로 나가는 물길은 우선익의 끝 지점인 우측 골짜기로 빠져나간다.

　혈상의 종류는 전후좌우가 정형으로 된 정와이며 선익의 윤곽이 뚜렷하지 않은 점이 되므로 천와의 와혈로 좋은 자리이며 후손의 발복과 함께 앞으로도 좋은 징조가 있을 것으로 예상된다. 이 자리를 점지한 풍수지관이 이미 고인이 된 것으로 판단되나 이러한 지사 지관이 있었음이 풍수는 미신이 아닌 과학임을 입증한 것으로 보여 참으로 좋다. ①은 입수요, ②는 입혈맥을 통과한 혈이며, ③은 오른쪽 선익이며, ④는 전순이며, ⑤는 3성의 하나인 요성이며, ⑥은 좌선익에 의한 요성이 붙어 있는 모습으로 5악과 3성이 결합된 것으로 극히 좋은 명당으로서 후손들의 영향과도 의미가 통하는 명당자리이다.

14) 경주 최부자 조부모의 묘지

　경상북도 경주시 현북면 남사리 재실 뒤에 있다. 일열 종대로 장사한 묘지의 중간 지점에 있다. 이 묘지의 주인은 최득정이며 경주 최부자의 할아버지로서 부자의 의미가 출발되는 곳으로 ‘최부자’라는 호칭이 시작된 곳이기도 하다.

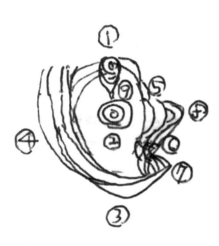

【 〈그림 49〉 정와와 천와의 와혈 혈상도 】

　6악과 3성이 있다. 입수는 형질 변경으로 나타나 있지 않지만 전순은 좋다. 묘지의 우측 편에 넓어진 상태에서 좁아지는 형태로 지표가 표출되어 나타나 있다. 그것은 좁아지면서 전순으로 연결되어 봉분의 좌측까지 다다란 것이 지표면에 나타난다. 그를 증명하는 이유는 ‘j’자가 되는 봉분 좌측변이 일직선이 아닌 튀어나오다가 들어간 형질이 있다는 것이다. 4-5m 정도 뒤편의 지표면을 보면 줄어드는 형태가 나타나는 것이 이를 증명한다. 봉분의 좌측 편에는 둔덕이 있다. 이것이 3성의 요성이다. 이 요성으로 인해 좌우측의 균형이 유지된다. 입혈맥은 훼손으로 분명하지는 않으나 물은 갈라 주고 있어 존재성은 분명하다. 그에 따른 이유는 좌우로의 상분이다. 물을 갈라 주는 역할의 1촌[50]이 있음을 암시했다.

여기는 없고 설기도 없다. 물길 수는 훼손으로 구분되지 않으나 하합되는 현상이 있어 물길이 한곳으로 빠져나가야 하는데 다량의 형질 변경으로 나타나지는 않는다.

혈상 종류는 전후좌우가 고른 정와이며 선익의 깊이는 얕은 천와의 와혈 명당이다.

15) 최원병 전 농업협동조합 중앙회장의 조부묘

이 자리는 경상북도 경주시 현북면 가정 3리 용담유원지로 올라가는 좌편 산에 위치한다. 이 묘는 최원병의 할아버지 자리로 본인은 농협중앙회장을 지내고 동생은 3성 장군을 배출한 곳이다.

이곳의 특색은 윤곽이 뚜렷하지 않고 지표가 아주 미미하다. 그러나 골프 선수가

【 〈그림 50〉 정와와 천와의 와혈 혈상도 】

공의 흐름을 읽기 위해 지표면을 유심히 관찰하듯 묘지 주변의 상황을 관찰하면 충분히 이해할 수 있다. 묘지를 향해 올라가는 산길을 보면 경사의 흐름에

50 1촌은 한치와도 같다. 풍수에서 1촌이 높으면 산으로 1촌이 낮으면 물로 본다는 의미와 같다는 논리이다.

서 차이가 난다. 그것이 'j'자의 돌아가는 형태의 땅 조직으로 마무리한 곳이 된다. 이는 하나가 아닌 2개의 경사 흐름이다. 이곳을 상세히 살펴보면 자리의 역량이나 혈의 증거를 알 수 있을 것이다.

다른 혈증이 있다. 가장 먼저 보는 것이 앞에서 언급된 전순이다. 전순은 좌선익에서 연결됐다. 우선익은 같은 형태의 크기로 형성되어 보는 이로 하여금 어려움을 겪도록 했지만 좌선익을 통한 전순과 우선익의 중간 지점에는 얕은 골짜기가 있다. 이것이 좌우 선익의 물길이며 양 선익이 정지한 곳이다. 입수는 평탄하게 나타나 확인이 쉽지 않지만 입혈맥은 맥선으로 인해 좌우측의 상분을 만든다. 3성은 봉분의 좌측에 탁으로 형성되어 둥근 지표가 보여 좋다. 이는 요성으로 타탕의 형태이다.

선룡은 좌선의 힘으로 진행된 좌선이며 선수 또한 같은 좌선으로 흐름이 같다.

혈상은 전후좌우가 균형되는 정와이며 좌우 선익이 얕은 천와의 와혈 명당이다.

16) 광주이씨 심옥의 묘지

경상북도 칠곡군 지천면 심천리 심천저수지 안쪽 마을의 뒤편 산에 위치한다.

【 〈그림 51〉 정와와 천와의 와혈 혈상도 】

이곳에는 6악이 있으며 용진처에 이른 곳으로 맨 마지막에 위치한다. 전순은 기가 가득 찬 모습으로 대단히 풍성했다. 그곳에는 고사리 밭처럼 되어 있어 경사진 전답처럼 보인다. 그 공간이 넓고 어느 누가 보더라도 혈증 6악의 의미만 알면 쉽게 확인된다. 이에 비해 입수는 형질 변경으로 쉽게 나타나지 않는다. 선룡은 우선이다. 우선익에 의한 연결로 전순이 생성됐다.

상분하합은 좋다. 물길 수는 여러 길로 나가게 되어 좋게 형성되지는 못했다. 이는 와혈이므로 1개의 물길로 나가야만 정격이다.

혈상은 와혈이다. 그 종류는 전후좌우가 고른 정와이며 선익의 높낮이는 낮게 형성된 천와이다.

17) 대구 '구' 병원 조부의 묘지

경상북도 의성군 가음면 장리 산 35-4번지 입구의 묘지이다. 360억 규모의 병원 부지 등의 부를 가진 자리이다. 현장의 봉분에는 잔디가 없고 바람이 불어 크기가 작은 잔돌이 있고 해서 쉽게 얼핏 보면 일반 민묘와 다름없다. 전순 앞의 흙으로 봉분이 만들어 사용했음이 확인되고 있다. 그러나 유심히 살피면 특이한 혈증이 보인다.

산 능선의 돌아감이 오른쪽의 힘으로 나타난다. 이는 선룡이 우선임을 의미한다. 5악이 있다. 입수는 정돌하다. 선룡이 우선으로 입수에서 전순의 연결성은 그대로이다. 전순은 일부 훼손되어 있으나 형태가 그대로 나타난다. 형태는 보름달처럼 생긴 둥근 금성이다. 좌선익은 짧게 형성되어 우선인 전순 안으로 들어가 있어 좋다.

3성은 우측의 요성이 현침으로 형성됐다. 그 아래에는 암석들이 박혀 있어 힘이 대단하다. 아무리 자연이지만 이러한 형상이 마치 바늘처럼 수직으로 붙어 있어 분명하고 좋다.

여기와 설기는 없다. 전순은 오른쪽 선익을 통해 연결됐기 때문에 여기와 설기

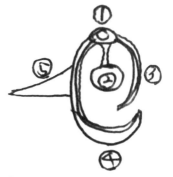

【 〈그림 52〉 정와와 천와의 와혈 혈상도 】

가 있을 수가 없는 것이다. 지형지물의 유체는 없어야 좋은 것이 된다. 아마도 이는 삼투압의 영향으로 박환의 과정이 완성되어 혈이 된 것으로 생각된다.

분합은 1분합으로 상분과 하합이 분명하게 나타나 있다.

혈상은 와혈이다. 전후좌우가 균형이 되며 조화가 되는 정와이며 선익의 깊이는 얇게 형성된 천와이다. 따라서 이 자리는 천와와 정와로 형성된 와혈이며 물길과 3성 등이 좋아 명당이다. 선룡이 우선이고 우측에 요성이 붙어 있고 전순이 오른쪽에서 시작되어 왼쪽까지 진행됨으로써 부의 개념과 일치된다. 이러한 현상이 구 병원의 부와도 연계된다고 본다.

18) 군의원의 증조 묘지

경상북도 의성군 춘산면 금천2리 교회 옆 골짜기에 위치한다. 군의원의 아들은 고등학교의 교사이며 딸은 사법고시 출신으로 현직 법원 판사이다. 묘지 조성이 성토로 1m 이상 돋우어져 있어 지표면을 읽는 데는 어려움이 따른다.

선룡은 좌측으로 돌아간 형태의 좌선룡이며 오른쪽 봉분의 앞에서 멈췄다. 5악의 입수는 돌출됐다. 전순은 암과 흙으로 혼재되어 있으며 암석의 수가 숫자로 나타내기 힘들 정도로 다수로 이루어져 있다. 선익은 보이지 않으나 전순의 마무리를 볼 때 성토가 없었다면 분명히 있을 것으로 예상된다.

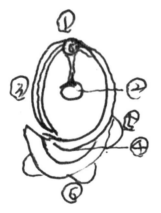

【 〈그림 53〉 정와와 천와의 와혈 혈상도】

3성은 아주 좋다. 요성과 관성이 하나 둘이 아니라 많다. 특히 관성은 사람이 돌을 얹어 놓은 형태로 아주 자연스럽게 형성되어 좋다. 만일 이 돌이 없었으면 자리가 만들어지지 않고 무너져 내릴 정도로 땅의 조직이 마사토로 된 토성이다. 마사토로 형성되어 비가 오면 사태가 의심되나 관성인 암이 혼재되어 무너지지 않고 자연 그대로 있다. 이 점이 참으로 특이하면서도 기이한 곳이다.

혈상은 와혈이다. 전후좌우가 고른 정와이며 많은 성토로 인해 천와로 확인된다. 3성의 관성은 암석으로 구성됐다. 암석은 3분의 2가 흙 속에 심겨져 있어야 길석이 되는데 이곳의 돌이 그렇다. 이러한 현상이 나타나 있는 곳은 장점이기도 하고 강점이 되기도 한다.

(3) 협와와 심와

1) 박정희와 박근혜 대통령의 선대 묘지

이 묘지는 경상북도 구미시 상모동에 위치하며 박정희 전 대통령에게는 부모, 박근혜 전 대통령에게는 조부모의 자리가 된다. 혹자는 여러 가지 흉조스런 일이 일어났다고 하여 흉지로 판단한다. 그러나 그것은 시류에 따라 국정의 운영자를 판단하였기 때문에 길흉에 대해서는 의미가 없다고 본다. 공과를 따져 보는 것은 풍수로만 잣대를 척하는 것도 문제요, 다른 여러 가지 방법으로 길흉에 대한 잣대를 대는 것도 문제이지만 그렇다면 대통령의 직에 대해서는 어떻게 해석을 할 것인지에 대한 답은 미약하다. 그래서 혈증에 대한 접근 방법만을 다루기 위한 것으로 판단했음을 이해 바라는 마음이다.

또 다른 의문은 봉분 뒤쪽 능선에 대한 문제이다. 혹자는 요도라고 하는 경우가 있는데 이는 요도가 아니라 오고 가는 쪽의 귀사가 4개나 붙어 있어 이 힘으로 산의 힘이 역으로, 거꾸로 진입하는 역룡이 되며 선룡이 우선으로 들어가는 형태임을 분명히 밝힌다. 이에 대해서는 깊이 있는 풍수적 혈의 의미를 이해하는 지혜가 필요하다.

5악이 있다. 특히 전순은 분명하고 3성 등으로 함께 있어 대단하다. 오른쪽의 선익을 통한 지형지물의 생김새는 봉분의 좌측까지 완전히 돌아서 마무리를 한 상태로 90° 이상 감겼다. 우선익은 크게 돌아 혈인 봉분을 감아 마무리를 했다. 좌선익은 희미하지만 우선익 안으로 들어간 상태로 마무리를 다했다. 입수는 미미하다. 봉분 좌우측으로 이동하여 맥선의 지평선을 보면 경사의 흐름이 일정하지 않고 다른 것이 보이는데, 10㎝ 정도 높게 형성된 것이 보인다. 이가 입수이다.

3성은 관성과 우측 요성이 있다. 관성은 보기는 흉한 암석이지만 4각의 돌로 돌출되어 있다. 이것의 형태는 3분의 1이 땅속에 들어가 있어 아쉬움이 남지만, 그래도 없는 것보다는 괜찮다고 판단된다. 요성은 우측 선익의 주변에 다량 붙어 있어 굽어짐의 각도를 더했고 튼튼하게 생성됐다.

입혈맥은 있다. 확인 방법은 입수를 보는 방법과 동일하다. 봉분의 측면에 임하여 맥선을 관찰하면 된다. 눈높이를 지면에 맞추어 지평선을 보면 맥의 흐름이 있다. 보이는 것이 입혈맥이다.

분합은 입혈맥의 도움을 받아 상분이 된다. 자연에 의한 물이 모이면 낮은 곳으로 흐르게 된다. 입혈맥이 작용한다. 물은 4방으로 흐른다. 이때 필요한 지형지물이 입혈맥으로 물을 갈라 주는 역할을 한다. 이는 입혈맥에 의한 상분이 되며 하합은 혈을 중심으로 양 선익이 안쪽으로 응해 주는 모양으로 되어 있어 물이 흩어지는 것이 아니라 둥글게 환포를 하면서 전순의 상부에서 모인다. 이러한 현상이 하합이다.

여기는 없다. 다른 와혈과 동일하며 여기가 없으므로 길하게 되는 것이다.

이곳은 양득양파가 아니라 양득일파로 좋다. 분합의 원리와 같은 의미로 하합이 되어 1파가 된다.

물줄기는 1개이다. 득수는 2개이나 나가는 물줄기는 1개로 양득일파의 의미이다.

선룡은 우선이며 선수 또한 우선이다. 우선의 힘으로 돌아감에 따라 물길도 같은 방향으로 흐르는 것은 자연이다.

종선은 입수와 전순을 연결하고 횡선은 양 선익을 연결하여 판단하면 된

다. 특히 선익의 길이가 짧은 좌선익을 보고
판단해야 차질이 없다.

혈 4상은 혈의 전후 길이가 긴 협와이며 좌우
의 선익이 분명하지 않은 천와의 와혈 명당으로
〈그림 54〉와 같다. ①은 입수, ②는 좌선익, ③
은 혈, ④는 전순, ⑤는 관성이다.

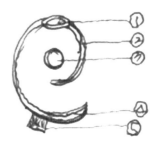

【 〈그림 54〉 협와와 심와의 와혈 】

2) 다부 IC

황골이 출토 된 곳으로 경상북도 칠곡군 가산면 다부동 전적비에서 왜관
넘기 전 애플 모텔 부근 뒤쪽 산으로 올라가면 이장을 한 곳으로 국도변에서
150m 정도 거리에 있다.

5악이 있다. 입수는 정돌해 분명하고, 전순은 좌선익을 통해 90° 이상 틀어
금성 형태로 마무리했다. 우선익은 좌선익보다 짧게 돌아간 형태로 마무리했
다. 좌선익은 우선익을 감아 마무리했다. 혈은 이장으로 일부 형질 변경되었
으나 양중 음은 그대로 있다.

3성은 관성이 특이하다. 돌로 형성되어 방향을 완전히 틀어지게 해 이에 대
한 힘이 함축된 형태이다.

입혈맥은 분명하고 상분이 된다.

종선은 입수로부터 전순까지 일렬로 되어 정확했다. 횡선은 좌우측 선익의
황금각[51]에 의해 정해져 있어 분명했다.

물길은 하합이 제대로 되어 1군데로 모여 우측으로 빠져나간 형태로 되고
있어 좋다.

---

51 이 각은 137.5°로, 대포를 쏠 때 포물선의 각도가 이 각으로 '황금각'이라고 한다. 이 포물선은
    둥글게 올라가면서 가장 멀리 가는 대포의 각도이다. 이 각도가 풍수에서도 적용된다. 특히 청룡과
    백호가 안으로 굽어진 각도는 대단히 중요하면서도 이 각도가 되어야 간접적인 혈이 생성될 것이다.

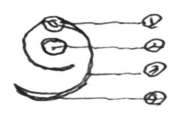

【 〈그림 55〉 협와와 심와의 와혈 】

분합은 상분에서는 입혈맥의 영향으로 물이 분리되며 아래에서는 좌우 선익에 의한 물이 만나 하합이 된다.

여기(餘氣)는 혈상이 와혈이라 없다. 전순은 좌선익을 통한 것으로 혈 밑에 존재하는 것이 아니라 선익 아래에 있다.

혈상은 종선의 상하가 횡선의 선익 폭보다 길어 협와이지만 선익이 분명하게 드러나지 않고 은은하면서도 입혈맥과 전순이 강하게 나타나므로 심와의 와혈로 판단된다. 그 내용은 〈그림 55〉와 같다. ①은 입수, ②는 혈, ③은 선익, ④는 전순이다.

3) 경북도청 검무산 왼쪽 줄기 묘지

위치는 경상북도 검무산의 왼쪽 줄기로 내려오면 100m 정도에 묘지 3개가 종렬로 되어 있는 곳이다.

이곳에는 5악이 있다. 입수는 측면에서 보면 나타나며 조금 볼록하게 보이는 곳이다. 전순은 크게 좌선익과 연결되어 270° 이상 감겼다. 우선익은 짧게 돌아 혈을 보호하면서 멈추었다. 좌선익은 둥근 형태로 요성을 달아 둥근 형태가 분명하게 이루어진 상태이다.

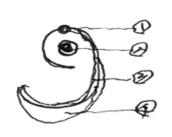

【 〈그림 56〉 협와와 심와의 와혈 】

삼성은 좌측에 요성이 있고 앞에는 관성이 발달해 있어 혈을 보호하고 있다.

물길은 하나로 만들어져 나간다. 상분은 입혈맥에 의해 갈라지며 하합이 되어 우측으로 빠진 것이 일품이다.

혈의 아래에서 이루어지는 것이 여기이다. 여기는 와혈 이외의 혈에서는 혈 밑에 전순이 있어 이러한 경우는 전순에 여기가 모여든다. 그러므로 와혈 이외에는 여기가 있어야만 전순이 생성된다. 이에 비해 와혈은 혈에서 완전히 마무리해야만 올바른 혈이 된다. 여기가 있어 힘이 나간다면 혈은 정상적으로 될 수가 없다. 바람 빠진 고무풍선처럼 힘이 없어서는 정격화된 올바른 와혈이라 할 수가 없다. 따라서 와혈에서는 여기가 있으면 오히려 혈이 되지 않는 것이 정설이다.

혈상은 종선의 길이가 긴 협와이며 선익이 분명한 심와의 와혈 명당으로 〈그림 56〉과 같다. ①은 입수, ②는 혈, ③은 선익과 요성이며, ④는 전순과 관성이다.

4) 최형우 (전)내무장관의 조부모 묘지

경상남도 울산시 울주군 서생면 위양리 833번지(위양길 212)에 위치하며 위양리 마을에서 보이는 곳에 있다. 이 자리는 5악이 있다.

입수는 정돌하다. 우선룡으로 우선익이 돋보이나 장법의 하자로 물길이 나 있다. 이는 자연을 거슬러 인간에게 불리하게 한 작태이다. 사람은 자연과 같이 동행해야 해가 없으므로 자연을 거스른 형태는 사람에게 이로움을 주지 못한다. 혈장의 좌측 물은 좌측으로 우측의 물은 우측으로 나가는 것이 자연스럽다. 그러나 이 자리는 우선에 의한 선룡이 발달되어 모든 물이 좌측으로 나가야만 자연에게 피해가 없다. 현장에서는 이를 무시하고 작업했다. 어떤 문제가 예상된다. 전순은 우선룡에 의한 것으로 좌측 소나무 있는 곳으로 마무리됐다. 3성은 우측

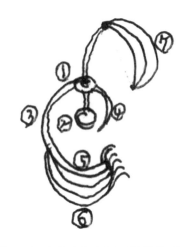

【 〈그림 57〉 협와와 심와의 와혈 혈상도 】

에 요성이 있다.

우선에 의한 전순까지의 돌아감이 분명하며 입수와 전순의 거리가 폭에 비해 2배 이상 길다. 입수에서 전순의 분명함은 심와이며 길이가 긴 협와이다. 따라서 혈상은 협와와 심와의 와혈이다.

5) 단천 하늘공원 생지

이 묘지는 경기도 양주시 어둔동 311번지 공원묘지 앞산 안에 위치한다. 5악이 있으나 공원묘지로 난립되어 전순만 들어 올린 형태로 'j'자 좌선으로 마무리됐다. 주변이 많은 봉분으로 형질이 변형되어 확인이 어려우나 돌아가는 'j'자는 윤관이 깊게 형성되어 분명히 드러난다. 이를 두고 관산자 동료들이 확인하여 발견해 낸 곳이다.

3성 역시 있으나 형질 변경이 심하여 유추할 따름이다. 좌측 요성이 발달되어 있으나 공원묘지의 여러 분묘로 형질 변경되어 혈증이 나타나지는 않으나 여타 여러 곳의 정황을 놓고 보면 혈증이 있는 곳으로 판단되며 맥선의 하단부를 보아도 그 나름의 해석은 가능하다. 관성은 이장으로 인해 확인이 가능하다. 전순 뒤에는 규모가 큰 관성이 있어 90° 이상 틀어 방향을 바꾸어 진행되었으며 틀어진 하단부는 진행된 같은 방향으로 가중되게 틀어 마무리했다.

입혈맥은 맥선이 사람이 다니는 산길로 되어 있어 보존되어 살아 있다. 전순에서 맥을 따라 진행하면 10m 정도 후산 맥에 비어 있는 자리가 보인다. 그 자리에는 잔디가 은은한 색으로 빛이 난다. 이곳이 혈로 판단된다.

선룡은 좌선으로 혈 뒤편 입수에서 왼쪽의

【 〈그림 58〉 협와와 심와의 혈상도 】

힘으로 크게 돌면서 우측으로 마무리했다.

물은 맥선을 중심으로 갈라지면서 전순인 'j'자 하단부를 돌아서면서 우측으로 물길이 형성됐다. 이러한 물길은 자연적인 형태로 되어 있어 좋다.

혈의 4상은 와혈이다. 입수와 전순의 길이가 긴 협와이며 전순의 돌아감이 입맥으로 진행된 게 분명했다. 이러한 형태의 혈상 종류는 깊이가 깊은 심와이다. 따라서 이 자리의 혈 4상은 전후의 길이가 긴 협와이며 전순의 돌아감이 입맥의 심와로 와혈 명당이다.

(4) 협와와 천와

1) 이상배 서울시장 증조모의 묘지

이 묘지는 경상북도 상주시 은척면 봉중 1길 17번지에 있다. 이 묘역의 맨 아래는 부모의 자리이며 위로 3번째 자리가 증조모의 묘지이다. 이 자리 역시 5악이 있는 곳으로 입수는 맥선의 중앙에 앉아 있으나 장사 때의 훼손으로 평탄해 분명하지는 않다. 전순은 크게 'j'자로 길게 돈 형태로 부모의 묘지 아래까지 돌아 우측 골짜기로 마무리했다. 골짜기 우측이 맥의 정지선으로 그 맥 앞에 작은 골짜기가 있다. 그곳까지 돌아 마무리한 것의 골짜기가 증거이다. 좌측 선익은 전순으로 연결되어 크고 우측 선익은 짧게 형성됐다.

선룡은 좌선으로 선수 또한 같은 방향의 좌선수이며 맥선의 우측으로 물길이 시작되어 물이 모인다.

종선은 비교적 일직선으로 되었으나 좌측으로 약하게 벗어났다. 조금 더 돌았으면 하는 아쉬움이 남는다. 횡선은 좌선익이 크게 돌아 우선익을 기준으로 하여 횡선을 그려 정혈은 제대로 되었다.

분합은 앞에서 언급됐듯 크게 돌았으나 앞부분에 부모 묘지로 인해 물이 한 곳으로 모이지는 아니하지만 맥선의 오른쪽 물은 모두 우측으로 빠진다. 이러한 구조는 참 좋다.

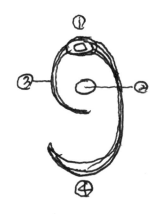

【 〈그림 59〉 협와와 천와의 와혈 혈상도 】

여기는 없다. 전순이 좌선익으로 연결되어 있어 여기 자체가 없는 곳이다.

3성은 관성이 보인다. 부모의 묘지 앞에 둔덕이 있는데 관성이다. 이 관성의 힘으로 맥선의 흐름이 밑으로 진행을 하지 못하게 하는 방법으로 혈이 생성됐다.

혈 4상은 종선의 길이가 긴 협와이며 선익이 분명하지 않는 천와의 와혈 명당이다. 다음 〈그림 59〉에서 나타난 바와 같이 ①은 입수, ②는 혈, ③은 우선익, ④는 전순이다.

2) 우의정 강사상의 부모(온, 밀양박씨) 묘지

이곳은 경상북도 상주시 이안면 양범리 산 2번지로 면소재지 주변에 위치한다. 온의 아들 사상이 우의정이며 사필은 도승지, 손자 신이 좌참찬, 연은 첨추, 인이 한성 우윤이며 회는 장사랑, 증손자 홍립이 참판이며 홍중은 도총관, 홍남은 동추로 벼슬하였으며 여러 후손들이 배출됐다.

5악이 있는 곳으로 입수는 쌍분 조성으로 훼손되어 분명하게 보이지 않는다. 전순은 좌선익에 연결되어 생성되었으며 선익 또한 성토로 인해 보이지 않는다. 우선익은 선룡의 반대쪽이 되어 분명하지 않다.

3성은 좌선의 영향으로 왼쪽에 탁이 붙어 있어 선익을 밀어주는 영향이 큰 편이다.

선룡은 좌선이며 선수도 같은 좌선으로 길한 모습이다.

종선은 쌍분으로 훼손되어 있어 구분되지 않는다. 횡선은 좌선룡의 영향으로 돌아감이 우측까지 진행되어 좌선이 되며 선의 윤곽이 드러나서 좋다.

분합은 혈상에 의한다면 이루어져야 하지만 쌍분 조성으로 양득양파가 되어 혈상이 일부 망가진 상태로 있다.

이러한 영향으로 설기는 더욱 진행되어 옹벽으로 인한 접합 부분이 무너진 곳이 일부 있다.

혈 4상의 분석은 종선의 길이가 긴 협와이며 선익이 분명하게 보이지 않는다.

【 〈그림 60〉 협와와 천와의 와혈 혈상도 】

다만 옹벽이 이루어진 곳의 하단부에는 성명 불상의 묘지가 고총으로 남아 있다. 그 위의 부분에 'j'자로 돌아간 흔적이 남아 있어 혈의 증거로 확인됐다.

따라서 이 자리는 'j'자에 의한 혈증이 분석되므로 명당이다. 자세한 설명은 〈그림 60〉과 같다.

3) 성산 IC 강장군 묘지

강장군 묘지는 성산 IC에서 내려 남쪽을 보면 산이 있는데 그곳으로 진입해서 마을 건너 임도를 따라 올라가면 된다.

5악이 있다. 입수는 형질 변경으로 원형이 많이 변해 있지만 지금의 묘지 위로 유추된다. 전순은 임시 주차장으로 사용하는 윗부분으로 좌선룡의 끝부분인 듯했다. 우선익은 짧게 혈을 중심으로 돌아 마무리했다. 좌선익은 크고 길게 돌아가는 형태로 전순을 만들게 하면서 우측까지 진행됐다. 그 흔적이 차량 진입을 목적으로 형질 변경한 흔적이 남아 있다. 묘지에 진입코자 포클레인 작업을 할 때 길을 만들면서 뼈대가 돌출됐다. 그 뼈대는 (묘지에서 보는 형태는) 'j'의 석맥이 나타나 있다. 'j'의 석맥이 돌아간 형태가 3줄씩 줄지어 나타난다. 이러한 형태는 전순을 돌아 270°가량 오른쪽으로 돌아 진행됨을 암시한 것이다. 필자가 결론에서 말하는 'j'자가 된다는 것을 강조한 논리이다. 이 자리가 'j'자의 형태가 상중하로 돌아감을 재차 강조한 이유이다. 독자들은 지표면을 읽는 지혜가 있기를 바라는 마음이다.

3성이 있다. 특히 좌측의 좌선이 돌아가는 곳에는 요성이 붙어 있어 좌선익의 돌아감을 확증시키는 역할이 된다. 이러한 돌아감이 전순을 지나는데 그 부분에 관성이 암과 흙으로 붙어 있어 틀어짐의 각도가 270°나 된다.

입혈맥은 형질 변경으로 확인되지는 않는다. 편편하게 조성되어 현재 상태상 평탄함이 보인다.

분합은 오히려 입혈맥의 존재 부재로 형질 변경이 원인이다. 하합은 전순 위에서 이루어져 길한 편이다.

물길은 좌선에서 비교적 큰물이 우측으로 나가는 형태이며 우측의 물은 전순 위에서 만나 오른쪽 한곳으로 나간다.

여기는 없다. 와혈이기 때문에 여기가 없다는 것이다. 혈의 하단부는 합수가 되는 곳으로 물길이 된다. 이는 전순이 아니다. 그러므로 여기는 존재치 아니한다.

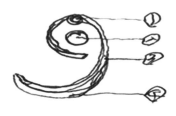

【 〈그림 61〉 협와와 천와의 와혈 】

혈상은 종선의 거리가 25m 정도로 긴 협와의 형태이고 좌우의 선익이 낮게 돌아가는 모습이 보이며 특히 우측의 선익 근저인 석맥이 'j'자로 3가닥 돌아가는 흔적이 역력하게 나타나 있는 천와이다. 따라서 이 자리는 규모가 큰 협와이면서 천와의 와혈 명당으로 〈그림 61〉과 같다. ①은 입수, ②는 혈, ③은 선익, ④는 전순이다.

4) 전주류씨 6대 헌의 배 자리

이 자리는 등산객들이 많아 묘역 주변에 울타리 설치로 통제되어 관산을 하는 데 애로 사항이 있다. 경기도 의정부시 고산동 산 117-3번지에 위치한다. 이곳의 후손은 9대 손에서 두각을 나타냈다. 영경은 영의정, 영길은 참판, 10대 환은 한성좌윤, 11대 연량은 도총관, 12대 염은 참판 등을 벼슬했으며 7대 세린의 후손이며, 같은 7대 세귀에

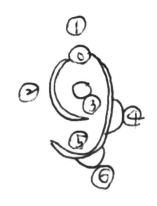

【 〈그림 62〉 협와와 천와의 혈상도 】

대한 후손의 내력은 8대 감의 항에서 설명을 하는 것으로 한다.

이곳 역시 5악이 있는 곳으로 확인된다. 입수는 정돌하게 생성됐다. 이는 좌 선익으로 연결되었으며 90° 이상 틀어 우측으로 마무리했다. 이것은 좌선익을 통한 전순이다. 우선익은 비교적 짧게 형성되어 좌선익의 안으로 들어간 모양새이다.

3성 역시 좌측의 선익 하단부가 둔덕으로 붙어 있다. 이러한 형태는 타탕이다. 전순에는 관성이 있어 90°로 돌아가도록 되어 있다.

입혈맥은 분명하게 형성되어 좌우측으로의 물이 나누어지는 형태이다. 그러나 하단부는 너무나 많은 묘지 조성으로 망가졌다.

여기와 설기는 없다. 이는 아주 좋은 현상이다.

물길은 상분에는 입혈맥이 있어 2군데로 갈라지나 하단부에서는 전순으로 모이는 형상이어야 길하나 묘지 조성의 실착으로 그러한 현상은 없다. 그대로 내려가는 물길이 되어 좋지 아니하다.

혈은 전후가 긴 협와이며 전순의 돌아감이 누워서 가는 평맥으로 천와의 와혈 명당이다.

【 〈그림 63〉 협와와 천와의 혈상도 】

5) 전주류씨 8대 감의 자리

경기도 의정부시 산곡동 산 94-3번지에 있는 이 자리는 전주 류씨 6대 헌의 2자 아들 세구의 맏아들이다. 이곳의 후손들은 대단하다. 9대 참판이 있으며 10대 관찰사 등 벼슬한 자가 많다. 여기에는 '品' 자로 만들어진 묘지가 있는데 아래는 부인 2명으로, 위는 본인 것으로 설명된다.

5악이 있는 곳으로 입수는 많은 형질로 확인이 어렵다. 다만 그 지점이 유추될 뿐이다. 전순이 분명하게 확인된다. 마무리를 한 근저가 계곡부에 있다. 근저는 거수되는 방법으로 되어 있어 아주 좋다. 물이 되돌아 산으로 올라가는 형상이다. 우측에는 3성인 요성이 있어 굽어지는 각도가 90° 이상 돌아서 아주 좋다.

입혈맥은 '品' 자로 형질 변경되어 나타나지 않는다. 선룡은 입수에서 출발되어 좌선익을 통한 전순으로 마무리되는 용이다.

혈의 4상은 와혈이다. 종류는 전후가 긴 협와이며 선익의 높이가 낮은 천와의 와혈명당이다.

6) 비서실장 조상 묘지 건너 개인 민묘

이 묘지는 경상북도 영주시 봉현면 오현리 김계원 비서실장 조상 묘지가 앞산에 해당된다. 이곳에는 5악이 있다. 입수는 맥선 위에 있다. 우선익은 둥근 형태로 혈을 향한 모습으로 짧게 형성됐다. 좌선익은 우선익을 안은 모습으로 마무리됐다. 전순은 좌선과 연결되어 우측으로 완전히 돈 형태의 'j'자 모습으로 마무리했다. 'j'자 하단부가 전순이다. 이 모습은 아래에 서서 상부로 본 모습 그대로이며 몸체가 튼 형태로 모습이 좋다.

3성은 좌측 요성이 발달됐다. 요성은 탁
으로 붙어 있어 돌아가게 하는 것으로 마무
리를 했다.

분합은 잘됐다. 여기는 없다. 종선은 입
수와 전순으로 길게 형성됐다. 횡선은 양
선익에 의해 종선보다 좁게 형성됐다.

혈 4상은 종선에서 설명됐던 형태로 협와
이며 그 깊이가 뚜렷하지 못한 천와의 와혈
명당이다. 다음 〈그림 64〉에서 나타난 바와

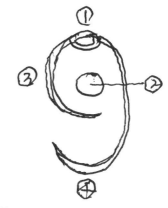

【 〈그림 64〉 협와와 천와의 와혈 혈상도 】

같이 ①은 입수, ②는 혈, ③은 우선익, ④는 전순이다.

(5) 변와와 심와

1) 안동 생지

경상북도 안동시 예안면 면사무소 소재지에서 구룡리 마을로 1㎞ 정도 가다가
우측 산으로 진입하여 200m 더 가면 된다. 이 자리는 생지로서 천전협(穿田峽)[52]
이 있는 특이한 곳으로 협이 있으면 혈이 있을 것이라는 판단하에 찾아보곤 했
다.[53] 이 자리는 필자가 찾은 자리로 다음과 같은 감정서를 발행했다.

"분묘(가묘) 감정서 개소 : 안동시 예안면 소재 가묘

상기 개소에 대한 묘지(가묘)의 미래 예측은 다음과 같습니다.

1. 본 개소의 선룡은 오른쪽의 힘(맥)으로 진행되는 것으로 우선룡이며, 이는

---

52 『심신주지학』 천전협. 이 협은 혈의 좌우측이 밭으로 되어 있으며 앞에는 '⅃' 형태로 자기안이 있다. 이
    '⅃'자가 자기안이다.

53 이 협은 밭 가운데 맥이 가늘게 진행하는 곳으로 변와의 특이점이다. 이러한 협이 있으면 혈이 있다고
    암시했다.

부를 상징합니다.

살고 있는 지역에 따라 후손들의 역량은 달라집니다. 후손이 시내(대구권)이면 큰 부자를, 시·군 지역이면 작은 부자를 나타냅니다.

1. 당판에 있는 물은 좌선수로 앞쪽에 있는 물(구룡리로 내려가는 도로변)과는 역수가 되어 좋은 길수로 여겨지며 이 또한 '부'를 상징하기도 합니다.

역수(용맥의 진행이 멈추어지도록 하는 역할)는 서울(경복궁)의 청계천과 한강이 상호 교차되면 길지가 나타난다. 이러한 논리는 명당으로 표현하기도 합니다.

1. 전순의 형태가 'j'자 모양으로 혈상은 와혈입니다. 'j'자는 우리 얼굴의 턱에 해당하므로 부를 상징합니다(좌선룡이면 정형의 'j'자 우선룡이면 돌려진 'j'자가 됩니다).

이러한 곳은 여러 곳에서 나타납니다. 구미 상모동의 박정희 대통령의 부모 자리(박근혜 대통령에게는 조부모 자리), 고령 성산 IC 부근의 강장군 묘지(증손자가 영의정), 상주 출신 경북지사·서울시장을 한 이상배 국회의원의 조상 묘지, 현 경북도청의 검무산 왼쪽 줄기에 있는 묘지 등이 본 개소와 유사합니다. 상기 개소는 전부 좌선룡이며 '귀(계급)'의 개념으로, 우선룡은 '부'의 개념으로 풍수상 표현됩니다. 따라서 위의 가묘는 우선룡으로 '부'를 예측합니다('부'가 선행되고 난 뒤에 '귀'가 따라옵니다).

1. 와혈은 당판에서 일방으로 물이 흘러가야 함으로 혈 4상에서 가장 길한 것이며 현장에서의 물은 왼쪽의 좌선으로 흘러가도록 되어 있으므로 장법 시 자연의 우를 범하는 경우가 있어서는 곤란합니다.

물이 앞쪽으로 일정한 규칙 없이 여러 경로로 빠지거나 오른쪽으로 나가면 자연을 그르치는 경우가 됩니다. 따라서 묘지에서의 물은 모두 왼쪽으로 흘러가도록 하여야 합니다. 이러한 곳은 남안동 IC(경상대학교 법학과 김퇴계 (전)학장의 부모 자리 이장)와 문경(대구시청 (전)도시계획계장의 부 묘지)에서도 볼 수 있습니다.

1. 아무리 '혈'이라 하더라도 미래에 장법을 그르칠 경우에는 상당한 화가 초래되므로 천광 시 하판에는 '숯'의 필요성이 상판에는 빗물의 유입을 방지하기 위한 '석회'의 사용이 필히 되어야 할 것으로 사료됩니다.

❖ 이상과 같은 사항으로 감정하오나 감정자 자신이 아직까지 이상의 눈높이 까지는 미치지 못하는 신분임을 이해 바랍니다. 또한 풍수지리학문은 여러 문로를 통해 분석되는 사항으로 본인은 '형기'적인 방법으로 분석하였음을 분명히 밝히는 바입니다. — 감정자 풍수지리학 박사 이재영[54]

이 자리는 5악이 있는 곳으로 입수와 좌선익은 이랑이 있는 밭으로 경작되어 나타나지 않는다. 우선익은 우선룡으로 지표면이 이랑으로 되어 있어도 윤곽이 드러나 확인된다. 전순은 우선익과 연결되어 왼쪽 부분까지 진행되어 좋다. 전순 아래에는 천전(穿田)으로 나아가 10m 정도 아래에서 큰 'j'자로 형성되어 마무리했다. 이는 변와로서 자기안이며 이러한 협을 천전협(穿田峽)이라한다. 글자 그대로 밭으로 되어 있는 곳의 자기안은 2중적 전순을 만들어 준다. 전순은 통상 자신에 의해 생성되는 것이 원칙이지만 간혹 타의에 의해 전순이 생성되기도 한다. 이를 풍수에서는 타력에 의한 생성 요인이라고 말한다. 혈은 이미 자신에 의해 만들어지지만 완전무결하게 하는 확인 사살의 의미도 있다. 따라서 타력에 의한 전순의 생성은 그야말로 확실하게 마무리되므로 이를 두고 혈명을 '변와'라고 한다.

종선은 선명하게 나타난다. 횡선도 마찬가지로 확인된다.

여기와 설기는 되지 않는다. 전순 아래 틀어짐이 있고 그 아래는 방맥으로 자기안을 만들었기 때문에 설기는 없다. 와혈로 여기는 있을 수가 없는 것이다.

---

54 2019.6.11. 대구 거주 해당인에게 묘지를 감정한 감정서임을 분명히 밝힌다.

분합은 좋다. 특히 하합이 분명해서 명당으로 판단되기에 충분하다고 본다.

혈의 4상은 기본적인 와혈의 종류에서는 벗어나는 것으로 변와이며 전순 아래 돌아감이 분명해 심와로 판단된다. 따라서 변와이면서 심와의 와혈 명당이다. 자세한 내용은 〈그림 65〉와 같다.

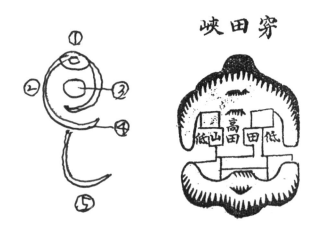

【 〈그림 65〉 변와와 심와 그리고 천전협 】

2) 김번 8대 명당

이 혈은 경기도 남양주시에 있는 8대 명당으로 소문이 난 자리로 조선시대 회자되는 명당 중의 명당이라 일컬어지는 곳이다.

5악이 있다. 입수는 분명하지는 않지만 측면에서 보면 미세하게 솟았음이 보인다. 좌측 선익은 희미하게 원을 그리면서 돌은 흐름이 있다. 우측 선익은 길게 뻗어 자기 안까지 진행해 90°를 틀어 마무리했다.

3성은 자기안에 관성이 여러 개의 암석으로 붙어 있어 90° 이상 틀어 주는 역할을 한 것으로 생각되며 이것으로 인해 김번 자리의 혈은 보강되는 역할도 존재한 듯하다. 90°이상 틀어짐은 맥선의 흐름을 멈추게 한다. 통상 맥선은 자기 힘으로 전진하면 직선으로 진행하는 것이 자연이다. 그런데 이 자리의 자기안은 진행하는 맥선의 방향을 틀었다는 것이다. 틀어짐이 크면 클수록 그 맥은 전진을 못하게 되어 (낚시형태가 되어) 혈이 될 확률이 높아지며 이러한

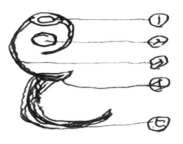

【 〈그림 66〉 변와와 심와의 와혈 】

것이 자연이다. 산의 맥이 진행을 못 하도록 하면 전단계에선 혈이 되는 것이 필자의 'j'자 이론이다. 이처럼 모든 혈은 멈추어야만 된다는 것이다. 곧장 진행하는 것이 과맥이다. 과맥은 말 그대로 지나가는 맥으로 혈이 될 수가 없다.

좌우측으로 물을 갈라주는 역할의 입혈맥이 존재한다. 입혈맥은 물을 갈라주는 상분의 의미가 된다.

여기와 설기는 존재하지 않는다. 그 이유는 여느 와혈과 같이 혈 밑에는 전순이 존재하는 것이 아니라 하합으로 인한 물이 만나는 곳이 되어 이러한 작용은 없게 된다.

물길은 양득으로 형성되다가 1길로 모여 좌측으로 나가 마무리된다.

분합은 앞에서 언급된 바와 같이 입수 아래 입혈맥에 의한 상분과 좌우 선익에 의한 하합이 정상적으로 이루어지는 곳으로 좋다.

종선은 입수와 전순인 자기 안산을 기준으로 하여 정해졌고, 횡선은 좌측의 선익에 의한 기준선을 정한 것이 된다.

혈상은 전후의 길이가 긴 변와이며 좌우 선익이 분명하고 은은한 형태로 심와인 와혈로 〈그림 66〉과 같다. ①은 입수, ②는 혈, ③은 우선익, ④는 전순, ⑤는 마무리하는 사로 자기안이 된다.

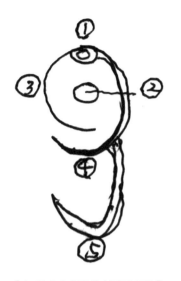

【 〈그림 67〉 변와와 심와의 와혈 】

3) 퇴계의 판의금부사 5대 할머니 묘지

이 자리는 경상북도 안동시 도산면 온혜리 산 273번지(내비 1050)로 크지 않은 다리에서 주차를 하고 걸어서 진입하면 된다. 흘러가는 물길의 아래로 조금 진입하다가 우측 산으로 능선 따라 200m 정도 올라가면 4기의 묘지가 나타나는데, 가장 뒤쪽에 있는 묘지로 5악이 있다. 입수는 산림 훼손으로 평탄하며 좌우로의 선익이 미미하다. 좌측의 선익이 우측보다는 길게 돌아 굽어져 진행됐다. 그 하단부에 우측으로 돌아간 작은 계곡부가 그렇게 돌아가도록 진행됐다. 전순은 크게 'j' 형태로 마무리했다.

종선은 선익이 미미하지만 우측으로 조금 들어온 듯했으나 일직선을 놓고 보면 종선이 된다. 횡선은 좌우의 선익이 분명하지 않아 보이지 아니하지만, 종선과의 비례로 보면 지금의 묘지가 올바르게 그어진 것으로 판단됐다.

3성은 좌측에 요성이 있다. 선룡은 좌선의 힘으로 돌아 마무리했다.

혈 4상은 종선의 길이가 긴 변와이며 좌우 선익이 밋밋한 심와의 와혈명당이다. 다음 〈그림 67〉에서 나타난 바와 같이 ①은 입수, ②는 혈, ③은 우선익, ④는 전순이며, ⑤는 자기안이다.

(6) 변와와 천와

1) 이효지

이효지는 경기도 고양시 덕양구 대자동 400번지 강연 묘지에서 오른쪽 골짜기의 계곡을 건너 진입하면 나타난다.

이 자리 역시 5악이 있다. 입수는 평면에서는 확인 되지 아니하지만, 측면에 가서 보면 돌출한 부분이 나타나는데 이것이 입수이다. 전순은 맥이 진행하다가 90° 이상 우선룡에 의해 튼다. 트는 그 부분이 'j'자의 전순이 된다. 선익은 형질 변경으로 미미해 나타나지 않으나 유추해서 보면 이해가 된다.

【 〈그림 68〉 변와와 천와의 와혈 】

3성은 우측에 요성이 흙으로 붙어 있어 크게 틀면서 좌측으로 마무리되도록 했다. 전순에는 큰 낙차로 떨어져 돌게 하는 관성이 붙어 있다. 이 관성이 'j'자로 마무리하는 증표이며 좋다.

물길은 'j'자로 된 혈성으로 그 힘이 오른쪽에 의해 생기며 좌측으로 물이 빠지도록 되어 나간다.

분합은 길하다. 상분은 입혈맥에서 이루어지며 하합은 역 'j'자로 되어 좋게 이루어진 형태의 하합으로 구성되어 길하다.

여기는 와혈에서의 특징을 고스란히 갖고 있는 곳으로 좋다.

혈상은 종선의 길이가 길며 혈을 만들고 방맥으로 진행된 변와이며 선익의 윤곽이 분명하지 않아 천와의 와혈 명당으로 〈그림 68〉과 같다. ①은 입수, ②는 혈, ③은 좌선익, ④는 전순, ⑤는 맥선을 멈추게 하는 마무리의 사로 자기안이다.

2) 연천 허목의 조부

이 자리는 경기도 연천군 휴전선 안에 위치한 곳으로 양천 허씨인 허목은 시험 없이 정승을 한 사람이며 허목의 조부 자리가 돋보인다.

이곳에는 5악이 있다. 입수는 조모의 아래에 있으며 측면에서 보면 맥의 흐름이 돌출된 부분이 입수이다. 전순은 길게 형성되어 허목 묘지의 위에서 90°를 틀어 마무리 했으며 이것이 'j'자의 형태이다. 우선익은 크게 진행된 것으로 좌선익을 안아 주는 모습이라서 좋다. 좌선익은 잘 보이지 않는다. 다만 하나의 선익이 있는 것으로 보아 좌선익도 형질 변경이 되지 않았다면 분명 있었을 것으로 생각된다. 그렇게 생각하는 것은 여타 관산을 한 결과이며 어느 와혈지에 가더라도 천와는 미미하게 나타나는 것이기 때문에 지표면을 읽어 내는 것이 쉽지는 않다.

혈장 주변에는 3성이 있는데 전순 아래 위치해 흙 둔덕으로 되어 있으며 이는 관성으로서 좋다. 그곳에는 허목 본인의 자리를 조성할 때 형질 변경이 비교적 많이 이루어진 것으로 이해된다. 관성에 손상을 시키지 않았더라면 그에 따른 힘은 보다 더 강했을 것으로 판단된다. 허목 본인의 자리 훼손으로 인한 피해가 있었음을 말하는 것이다. 우리 몸의 궁둥이 살을 떼어 다른 곳에 수술하는 논리와도 비교된다. 풍수의 혈을 알았다면 손해가 되는 행위는 삼가는 것이 좋겠다는 생각이 드는 자리이다.

입혈맥은 있다. 좌우측 물길이 갈라지기 때문이다. 이것이 상분이다. 하합은 전순 안의 90° 튼 곳 안쪽에 물이 나가는 득수처로 물길은 하나이다.

혈에서 힘이 빠지는 여기는 없다. 와혈의 특징으로 여기는 빠지지 않아야 좋은데 이곳이 여느 혈과 같은 현상이다.

그러나 개선의 여지는 있다. 진입로가 문제이다. 조금 거리가 있고 돌아가더라도 혈에 피해가 없는 곳으로 진입로가 개설되어야 하는데 그러하지 아니하기 때문이다. 지금의 진입로는 사람으로 비교하면 힘을 밀어주는 엉덩이에 해당되어 그에 따른 피해를 준다. 이러한 진입로는 미는 힘을 헛되게 하는 역할이 되므로 시정을 한다면 전순이 90°로 돌아가는 곳의 반대쪽인 왼편에 진입로가 개설되어야 한다. 차후 기회가 된다면 조금 멀고 돌아가는 시간이 걸리더라도 양천 허씨 후손들의 앞날을 생각하는 의미에서 시정하면 좋을 듯하다.

【 〈그림 69〉 변와와 천와의 와혈 】

혈상은 종축의 길이가 방맥으로 된 변와이며 혈의 깊이가 얕은 천와로 와혈 명당으로 〈그림 69〉와 같다. ①은 입수, ②는 혈, ③은 우선익, ④는 전순, ⑤는 전순 아래 방맥으로 시작하여 멈춘 곳으로 자기안이다.

3) 안동 온계 선생 묘지

이 자리는 경상북도 안동시 온계면사무소에서 태계태실을 지나 구 온계중학교 뒤로 올라가다가 작은 개울 건너 능선에 위치한다.

5악이 있다. 입수는 정돌하게 생겼으나 위 묘지로 인해 일부 형질이 되어 분명하지 않다. 전순은 묘지 앞 언덕 아래에 삼각형처럼 생긴 것이다. 혈은 상룡이 되어 위쪽으로 치우쳐 있다. 좌선익은 둥근 형태로 전순과 연결됐다. 우선익은 짧게 둥근 형태로 되어 좌선익 안으로 들어가 마무리했다.

3성에서 귀성은 없고 요성은 좌측 외측에 붙어 있어 좌선익이 돌아가도록 하는 역할이 되었으며 관성은 전순 아래 붙어 있어 힘을 가하게 좋게 되어 있다.

물은 전순아래 우측으로 나가도록 되어 있어 선룡과 같은 형태가 되어 좋다.

종선은 입수와 전순을 연결하여 보면 좌측으로 벗어난 형태가 되며 횡선은 좌우측의 선익을 연결하면 핵심 자리에 있다.

선룡은 입수에서 전순까지 좌선으로 돌아 진행하다가 마무리했다.

이 자리 역시 변와로서 깊이가 얕은 천와의 와혈로 〈그림 70〉과 같다. ①은 입수, ②는 혈, ③은 좌선익, ④는 전순, ⑤는 전순 아래에서 나가는 것을 멈추도록 하는 마지막 사(砂)로서 이러한 사가 완전히 진행된 용맥을 2중으로 멈

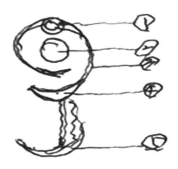

【 〈그림 70〉 변와와 천와의 와혈 】

추게 하며 이로 인해 전순이 생성되도록 하는 역할의 사이다.[55]

2. 겸혈

겸혈의 직겸과 곡겸의 구별은 쉽지 않다. 글자 그대로 해석하면 직겸은 선익이 곧게 나아가면 직겸으로, 선익이 둥근 형태가 되면 곡겸으로 이해하는 데에 있다. 그러나 이는 너무나 단순한 생각이다. 곧게 이루어진 것이 직겸이라면 얼마나 곧아야 하는지에 대한 의문이 생기기 때문이다.

먼저 곡겸은 좌우측의 선익이 둥근 형태로 되면 곡겸으로 분석했다. 선익이 일직선으로 진행하는 것이 없고 돌아가는 선익 전체가 둥근 형태가 된다면 이를 곡겸으로 분석한 것이다. 이에 비해 직겸은 선익의 일부라도 일직선의 형태가 보인다면 직겸으로 판단한 것이다. 즉, 직겸은 'I'자의 직선 형태가 일부라도 보인다면 직겸으로 이해했으며, 곡겸은 선익 전체가 혈을 중심으로 둥근 형태의 'ㅇ'자 모양이 되어야 곡겸으로 분석했다. 이에 따라 겸혈은 직겸과 곡겸으로 구별했다.

장겸과 단겸의 구별은 선익의 길이에 대한 구분이다. 선익이 횡선의 폭보다 길이가 길면 장겸으로 짧으면 단겸으로 구분했다. 좌우의 폭이나 길이가 비슷하면 중겸으로 했다. 장겸과 단겸, 중겸의 구별은 별 어려움이 없이 무난하게 조사됐다. 즉, 장겸은 선익의 횡선 폭에 비해 선익 길이가 2배이면 장겸으로, 좌우의 폭이나 길이가 같으면 단겸으로, 2배 미만이면 중겸으로 분석했다.

---

55 부산 출신 손정고 옹(2015년경 졸)은 하단부의 멈춘 사에 의하면 용맥의 기가 계속 진행할 수가 없으므로 이로 인하여 전순이 생성된다고 말하기도 했다.

(1) 장겸과 직겸

1) 함평노씨 시조 묘

이 혈은 경상남도 합천군 합천댐 안에 있는 함평 노씨의 시조 묘지이다.

5악이 비교적 뚜렷하다. 특히 선익은 규모가 커 윤곽이 확실하다. 혈심 아래 안으로 굽어진 형태가 되어 혈을 응축하는 모양새다. 낙조는 석축 아래 뾰족이 내밀어 좌측의 물과 우측의 물길이 이를 증명한다. 이 낙조사가 전순이다.

3성은 선익의 외측 부분에 암석이 수평으로 붙어 있어 혈심으로 응축하는 모양이며 낙조 아래 물길이 하나이다.

혈장의 물길은 낙조사로 인해 2군데로 내려가다가 좌우측의 선익에 의해 1군데로 나간다. 선익의 길이는 평탄한 곳까지 진행되어 비교적 길게 형성됐다.

분합은 상분은 되나 하합은 전순 아래에서 이루어지고 있는 현상으로, 완전한 하합은 아니고 불완전한 하합으로 겸혈의 특징이다.

입혈맥은 봉분으로 구분되지 않으나 봉분 좌우측의 물이 갈라지는 형태로 보인다.

이 혈은 선익의 길이가 긴 장겸이며 곡겸의 겸혈로 〈그림 71〉과 같다. ①은 입수, ②는 우선익, ③은 혈, ④는 전순으로 낙조이다. 전순이 선익 안쪽에 위치한다. 이러한 경우는 혈상의 이름이 겸혈로 와혈과의 차이점이다. 와혈은 한쪽 선익을 물고 있는 마지막 사로 끝이 전순이 된다. 와혈은 선익의 밖에, 겸혈은 선익의 안쪽에 위치하는 것이 차이점으로 혈상을 구분한다. 차이점은 아주 중요하다. 풍수 현장이나 강의실에서의 구분은 하지 않는다. 강사도 모르고 하는 경우가 다반사이다. 꼭 구분할 수 있

【 〈그림 71〉 장겸과 직겸의 겸혈 】

는 능력이 있어야 한다.

2) 송정리 마을 회관 뒷산

이곳은 경상북도 칠곡군 지천면 송정리 산 37-2번지에 위치한 김능김씨(경동) 조상 묘지 주변 능선에 위치한다. 5악의 입수는 산림 형질 변경으로 분명하지 않아 정돌하지가 않다. 우측 선익은 탁으로 형성되어 두둑하게 붙어 있으면서 밑에 있는 묘지 아래로 마무리했다. 좌측 선익은 우측 선익을 안고 있으며 우선익 안으로 굽어져 마무리했다. 전순은 낙조의 형태나 묘지 봉분의 조성으로 손상시켜 일부가 분명치 않다. 다만 물의 흐름은 분명하여 대추씨의 모습이 보인다. 혈심은 낙조사의 상부이므로 아래(下)의 묘지가 혈이다.

3성은 우측의 요성이 탁으로 형성되어 그에 따른 힘이 대단하다. 마무리된 상태가 그 같은 사실을 증명한다.

종선은 입수·혈·전순으로 정렬되어 있다. 횡선은 좌우 선익의 기준이 낙조 위로 보아야 하므로 기준선을 보면 타당하게 설정된 듯하다.

선룡은 좌선의 선익이 크고 길게 형성된 것으로 좌선룡이며 선수는 낙조의 영향으로 2곳의 물로 나간다.

장사할 때의 결점은 입혈맥의 손상이다. 이런 손상으로 물은 양득이 아니라 제멋대로 내려간다. 혈에 손상을 초래하므로 손해가 크다.

혈의 4상은 입수와 전순의 길이가 긴 장겸이며 선익의 형태가 직선인 듯해 직겸으로 판단된 겸혈의 자리이다.

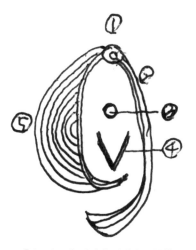

【 〈그림 72〉 장겸과 직겸의 겸혈 】

(2) 중겸과 곡겸

이 자리는 정몽주 부친 일성부원군 정운관의 묘지로서 경상북도 영천시 임고면 양향리 733번지 주변이다. 이 묘지에는 5악이 있으며 낙조사가 있는 것이 특징이다. 입수는 지금 묘지의 봉분이 위치하고 있다. 좌선익은 올라가는 진입로의 맥선이다. 이 맥선은 봉분을 중심으로 안쪽으로 감아 우선익이 된다. 좌선익은 우선익에 비해 왜소해 우선익 속으로 들어간 형태이지만 맥선은 분명하다. 규모가 아주 크다. 낙조는 천심맥으로 나와 좌우측의 선익 영향으로 진행이 될 수가 없어 멈춘 상태이다. 이는 낙조사로 전순이 된다. 분묘는 조금 위로 붙어 있는 듯 상룡이 됐다.

입혈맥은 유혈처럼 배가 통통하게 생겨 득수가 좌우측에서 생성되어 나가도록 되어 있어야 하나 봉분의 규모가 커 상단부 일부가 형질 변경되어 확인이 어렵지만 봉분 좌우변 측면을 통해 확인해 볼 때 입혈맥은 살아 있다.

3성은 있다. 좌측에는 탁으로 된 요성이 붙어 있으나 진입하는 진입로가 되어 일부 훼손됐다. 우측은 둥글게 형성된 탁의 영향으로 혈을 감았다.

종선은 입수와 낙조사의 중앙을 보고 종선을 놓으면 되는데 거의 정상적으로 되어 있다. 횡선은 좌우측의 선익을 기준으로 한 횡선으로 묘지 기준으로 보면 조금 위로 간 듯한 현상으로 상룡이 된다.

선룡은 우선익이 큰 것으로 보아 우선룡이다. 선수는 전순에서는 물길이 2개로 되어 있으며 그 하단부 아래에서는 1길이 되어 우측으로 빠지다가 나가는 형상으로 좋다.

여기는 앞에서도 언급하였듯이 혈 다음의 낙조가 받은 것으로 이것이 전순이 되

【 〈그림 73〉 중겸과 곡겸의 겸혈 】

어 있다.

분합은 상분은 양득으로 잘 이루어지나 하합은 양파로 되어 아주 좋은 현상은 아니지만, 겸혈에서는 이렇게 되어야 혈이 된다. 분합은 양득양파로 정확하다. 자리는 바른 형태의 겸혈이 되어 좋다.

혈 4상은 겸혈의 큰 특징인 낙조가 있으며 우선룡으로 마무리됐다. 이는 둥근 형태로 생긴 곡겸이다. 혈의 길이는 개장과 천심이 같이 이루어진 관계로 다리의 길이가 비슷한 선익으로 중겸이다. 따라서 혈의 길이가 중간인 중겸이면서 둥근 형태로 돈 곡겸의 겸혈로서 5악이 있는 길지의 명당이다. 혈의 견취도는 〈그림 73〉과 같다. ①은 입수, ②는 요성, ③은 혈, ④는 전순으로 낙조인 전순이 선익 안쪽에 위치했으며, ⑤는 우선익이다.

(3) 단겸과 곡겸
1) 임유손의 묘지

이곳은 경기도 남양주시 와부읍 덕소리 김번의 청룡줄기 근저에 위치하는 묘지로 임씨들의 제실 바로 뒤에 있다.

이 자리의 혈증은 5악이다. 입수는 봉분으로 확인되지 않는다. 전순은 낙조가 되는 사가 있어 분명하다. 낙조에 봉분이 하나 있지만 전순의 하단부가 확인되어 사가 보인다.

3성은 선익의 외측에 둔덕으로 붙어 있고 선익이 안으로 굽어지도록 하는 역할의 요성이 형성되어 있으며 둔덕이 튼실해서 좋다.

입혈맥은 봉분으로 확인이 어려우나 물이 상분되는 것으로 보여 입혈이 있다고 유추된다.

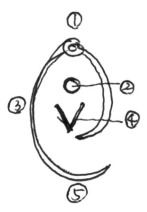

【 〈그림 74〉 단겸과 곡겸의 겸혈 】

분합은 함평노씨 시조묘와 같으며 하합이 2군데로 갈라져 내려가는 현상이 보인다.

이 혈은 요성의 힘으로 선익의 길이가 짧은 단겸이며 곡겸의 겸혈로 〈그림 74〉와 같다. ①은 입수, ②는 혈, ③은 우선익, ④는 낙조사로 전순이며, ⑤는 우선익의 근저이다.

2) 임실군 삼계면 박사마을 묘지

전라북도 임실군 삼계면 소재 홍곡리 민묘로 박사들이 많이 배출된 박사마을에 있는 묘지이다. 이 묘지에는 5악이 있다. 입수는 좌우로 선익이 내려가 있어 구분된다. 우선익은 짧게 형성되어 굽어지면서 좌선익에 들어가 있다. 좌선익은 크게 원을 그리듯 270° 이상 돌아 혈장의 반경을 감았다. 전순의 위치 여부가 와혈인지 겸혈인지를 결정적으로 구분 짓는 잣대가 되는데 전순은 좌우측 선익 속에 있으며 지금의 봉분이 위에 있다. 이런 상태의 전순은 낙조로 겸혈의 표본이다. 3성은 확인되지 않는다.

선룡은 좌선룡이 우측 혈장의 범역까지 돌아 마무리해 좌선이다. 선수는 마찬가지로 좌선수의 물길이 길고 크게 돌아가므로 좌선수이며 선룡 선수가 모두 같은 좌선이다.

종선은 입수와 전순을 종으로 연결하면 종선이 되며 횡선은 좌우측의 선익의 만곡부를 연결하면 되는데 50 ㎝ 정도 올라간 것으로 상룡의 형태가 된다.

음중 양은 봉분이 있어 구분이 어렵다.

입혈맥은 좌우로의 분합이 이루어져 있어 분명하다.

여기는 혈에서 전달된 힘이 전순에 멈추어

【 〈그림 75〉 단겸과 곡겸의 겸혈 】

마무리됐다.

물길은 하합이 되지 않고 낙조사에 의해 2군데로 갈라져 나간다.

양득은 정확하게 이루어지며 양파 역시 2군데로 나간다. 그 가운데 낙조가 있어 물길을 나누어 주는 역할이 된다. 이는 해로운 것이 아니라 겸혈의 특성이며 이로운 것으로 양득양파는 정격이다.

4상은 겸혈이다. 종류는 선익의 길이가 길지 않고 규모가 작아 단겸이며 혈을 중심으로 원을 그리듯 감아 돌아 곡을 그리는 형태의 곡겸이다. 이는 단겸인 동시에 곡겸인 겸혈로 명당이다. 이곳 역시 와혈과 겸혈의 차이가 여실히 드러나는 곳이다. 와혈은 선익을 통한 전순이 생성되며 겸혈은 혈의 여기로 전순이 만들 듯이 그 차이가 여실히 보이는 곳이며 와혈과 겸혈의 혈을 결정짓는 핵심적인 요소로 이곳 역시 위와 같은 방법으로 구분했다.

이 혈은 〈그림 75〉와 같다. ①은 입수, ②는 혈, ③은 낙조사로 전순, ④는 곡겸의 선익이며, ⑤는 좌선익의 끝 지점으로 전순은 아니다. 만약 ⑤가 전순이 되는 경우는 겸혈이 아니라 와혈이 되는 원리로서 이 두 혈의 차이점이다.

3. 유혈

(1) 장유와 대유

이곳은 경상북도 김천시 구성면 금평리의 골프장 뒤쪽에 위치하며 교장 선생으로 퇴직한 사람의 선산으로 아직 사용하지 않은 생지 자리이다.

생지에는 5악이 있다. 입수는 평면에서는 보이지 않으나 측면에서 보면 맥선의 흐름이 있는데 조금 낮게 된 곳이 된다. 전순은 우선룡으로 띠를 두르면서 크게 돌아 좌측 전순까지 진행됐다. 그 부분 전체가 금성으로 크다. 좌우측의 선익은 없다. 몸체에 감추어져 있다고도 표현하곤 하지만 유혈의 특성으로 선익은 없다.

3성은 있다. 우측에 탁 부분으로 둥글게 붙어 있다. 탁 전체가 요성이다. 전순에는 관성이 둔덕으로 붙어 있어 좋다.

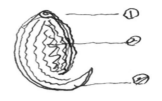

【 〈그림 76〉 장유와 대유의 유혈 】

물길은 분산된다. 좌측과 우측 그리고 전순 부분의 3득 3파로 나누어 분산되는 것이 특징이다. 3 물길은 좌측과 우측 그리고 전순의 아래로서 물이 모이지 않는 것이 유혈의 전제조건이며 필수조건이기 때문이다.

이러한 형태는 상분은 되나 하합은 되지 않는 특이성도 있다. 즉, 분합은 올바르게 되지 않는 것이기 때문이다.

여기는 있다. 입수를 지나 혈로 연결된 후에 마지막에 전순까지 진행되어 거기서 마무리하기 때문에 여기가 되는 것이다. 이는 와혈과는 다르다. 와혈은 혈의 아래가 물이지만 유혈의 경우 혈 바로 밑에는 전순이 있는 것이 차이로 차이점이다.

혈상은 종선의 거리가 긴 장유이며 전순과 우측에 요성과 관성이 붙어 있는 관계로 혈이 큰 대유이며 유혈 명당으로 〈그림 76〉과 같다. ①은 입수, ②는 혈, ③은 전순이며 혈의 우측은 탁인 요성으로 구성되어 있다.

(2) 중유와 대유

1) 군의원 고조부의 묘지

이 자리는 정와와 천와의 와혈의 증조부 자리와는 부자지간이며 경상북도 의성군 춘산면 면사무소에서 서향으로 1㎞ 정도의 거리에 있다. 묘지가 일렬 종대로 장사됐다. 우뚝 선 곳에 이 묘지가 있다.

선룡은 우측의 힘으로 돌아 전순의 좌측까지 진행되어 마무리한 우선룡이다.

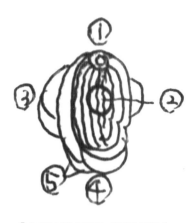

【 〈그림 77〉 중유와 대유의 유혈 】

5악이 있다. 입수는 낮게 형성됐다. 전순은 정돌하게 형성되어 좋다. 좌우측의 선익은 보이지 않는다. 입수는 낮고 전순도 낮아 혈인 봉분이 높게 형성됐다. 혈은 유가 아니면 돌로 추측된다. 전순의 우측에는 암이 있어 좋다. 이는 관성이다. 좌측과 우측에는 흙으로 된 요성이 붙어 있어 좋게 형성됐다. 좌우의 균형이 되어 혈이 반듯하다.

이와 같은 이유로 이 자리의 혈상은 유혈로 보인다. 그렇게 보는 이유는 현침이 없기 때문이다. 현침이 있으면 돌혈의 조건이 된다. 입수와 전순의 길이가 길지도 짧게도 형성되지 않은 중겸이다. 좌우측의 요성으로 대유이다. 따라서 이 자리는 중유이면서 대유의 자리이다. 마치 뱀이 개구리를 먹은 듯 요성이 있는 형태가 불룩해 참으로 좋다.

선룡은 우선이며 요성이 있고, 전순의 우측에 관성이 있으며 전순이 좋아 여성의 역할이 돋보인다. 이는 관리인의 딸이 사법고시에 따른 판사에 등용함과 무관하지 않다고 보는 것이다. 이런 것이 혈이고 풍수 발복으로 보는 현실성이 나타나는 풍수 혈의 관전평이다.

(3) 단유와 대유

1) 성주 묘지

이곳은 경상북도 성주군 선남면 면사무소 동쪽에 있는 묘지이다.

이 묘지는 5악이 있는 곳으로 입수는 정돌하며 분명하고 선익은 몸체 속에 있다. 좌측의 선익은 우측의 선익에 비해 규모가 크나 몸체에 붙어 있다.

3성은 좌측에 요성이 암석으로 붙어 있으며 전순에는 귀성이 암석으로 여러 개 붙어 있어 그 역할이 생각된다.

선룡은 좌선의 힘으로 전순까지 돌아 마무리
되었으며 선수 또한 같은 방향이다.

종선은 입수와 전순을 연결한 선이 되며, 횡
선은 3성의 요성이 붙어 있는 부분이 좌우 폭
이 넓어 이 지점을 연결하면 된다. 종선과 횡
선의 교차점이 혈심이 되나 현장은 이장 등으

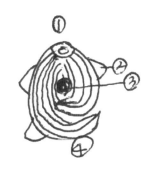

로 파괴되어 확인이 어렵다.

【 〈그림 78〉 단유와 대유의 유혈 】

상분과 하합은 되지 않는 것이 유혈의 특징이다. 여기는 혈 아래로 연결되
어 전순으로 마무리했다. 양득일파가 아닌 3득3파로 자리가 좋다.

혈상은 상하의 종선이 짧은 단유이며, 좌우의 폭이 큰 대유로 유혈 명당이
며 〈그림 78〉과 같다. ①은 입수, ②는 요성, ③은 혈, ④는 전순이다.

4. 돌혈

(1) 평돌과 대돌

이곳은 경상북도 칠곡군 지천면 심천리에 있는 민묘이다. 이 혈은 낮은 곳
에서 입수하는 방법의 비룡입수이다. 현장은 종선에 장사되지 않고 횡선에
장사했다. 즉, 90°를 튼 형태로 되어 있다. 혈의 앞에는 평전수로 된 논밭이
있다.

선룡은 입수부터 우선으로 전순에서 끝을 맺는다. 전순은 좌측의 현침을 안
아 주는 형태로 마무리했다.

혈은 가장 높은 곳에 위치했고 입수와 전순은 낮다. 우측의 현침은 규모가
크지만 수직으로 너럭바위처럼 붙어 있다. 좌측 또한 우측과 유사하다.

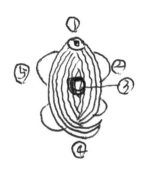

【 〈그림 79〉 평돌과 대돌의 돌혈 】

좌우측의 현침은 수직으로 붙어 있어 혈장의 윗면이 여유롭다. 그에 따른 D/H 비는 1:2 이다. 이는 높이보다 혈의 폭이 넓음을 의미하는 조선 '솥'의 형태로서 대돌이다.

1분합의 하합은 이루어지지 않는다. 입수를 지난 좌우측의 물 2군데, 현침 속의 물 2개소, 전순 좌우측의 물 2개소, 전순 앞의 물 1개소로 각각 흩어져 하합이 불가능하며 물은 7군데로 분산되어 나간다.

혈증을 분석하면 돌혈이다. 전형적인 혈증으로 5악을 가진 곳으로 그 형태가 좋다. 돌혈의 종류는 산야지가 아닌 들판에 있어 평돌이며 현침이 붙은 대돌의 돌혈 명당으로 〈그림 79〉와 같다. ①은 입수, ②는 현침으로 선익이며 4개로 구성되어 있고, ③은 혈, ④는 전순이다.

(2) 산돌과 소돌

1) 정연방 근처 돌혈

이곳은 경상북도 안동시에 있으며 시내에서 안동댐으로 가는 대로변에서 좌측 산으로 내앞 마을 가기 전에 위치한다. 이 묘지는 영남대학교 환경대학원 풍수지리 전공 석사 정재우의 돌혈에 대한 논문에 등장하는 곳이다.

혈증은 5악이다. 입수는 낮고 가장 높은 곳에 혈이 있다. 전순은 우선으로 입수부터 돌아 전순까지 마무리했다. 전순은 금성의 형태로 모양 좋게 생겼다.

현침은 우측에 2개 좌측에 2개로 수직으로 붙어 있는 모양이며 오른쪽은 우선으로 전순까지 진행했으며 왼쪽은 좌선으로 하여 아래 현침에서 마무리했다.

혈의 폭은 혈 높이에 비해 작다. 높이가 3이
면 폭은 1로 우뚝 서서 있다. 마치 초등학교
의 시간을 알리는 종과 같은 모양으로 혈폭이
좁다.

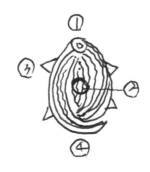

이곳은 산속이다. 그러므로 이 혈은 산돌이
면서 소돌의 돌혈 명당이며 〈그림 80〉과 같다.
①은 입수, ②는 혈, ③은 현침으로 선익이며,
④는 전순이다.

【 〈그림 80〉 산돌과 소돌의 돌혈 】

2) 합천 댐

경상남도 합천군 용주면 합천 조정댐 못 미쳐(한우 식당 가기 전) 우측 깊숙한
마을 어귀 중간 길 위에 방씨들의 묘지가 많다. 5악이 있다. 입수는 혈처보다
낮은 곳에 있으며 정돌하게 생겼다. 좌우 선익은 각각 2개씩 송곳니처럼 생긴
형태로 파조로서 현침이다. 전순은 선룡의 힘인 우선으로 마무리했으며 그 형
태는 금성으로 끝마쳤다. 혈은 크지 않은 봉우리의 최고봉에 위치해야 하나
조금 내려가 있는 상혈의 자리이다..

3성은 선룡의 힘인 우측에 흙으로 된 둔덕이
있다. 좌측에도 마찬가지로 둔덕이 자리했다.
앞에는 암으로 이루어진 것으로 관성이 존재
한다.

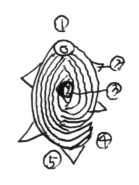

선룡은 앞에서 언급된 것처럼 우선이며 선수
또한 우선이다.

혈격은 전순이 혈의 위치보다 낮아 그 높이로
판단해야 하는데 이미 조성되어 판단키 어렵다.

【 〈그림 81〉 산돌과 소돌의 돌혈 】

종선은 앞으로 정렬이 바르게 되어 있으며, 횡선은 바람 등의 영향을 생각하여 앞으로 50㎝ 정도 내려와 있어 상혈되었다. 혈증을 망각하고 바람만 생각해서 장사한 것으로 판단되어 이 당시 지관이 원망스러웠다.

이곳 혈의 4상은 마을의 인근으로 평돌로 볼 수 있으나 산에서 연결돼 있으며 주변이 임야로 산돌로 판단된다. 규모로는 현침이 파조이며 상하의 깊이가 있어 소돌로 판단된다. 따라서 이곳의 혈 4상은 산돌이며 소돌의 돌혈이다.

(3) 산돌과 중돌

1) 오상의 묘지

이 묘지는 경기도 안성시 덕봉리에 있는 해주오씨 오상의 묘지이다. 이 자리에는 5악이 있다. 입수는 혈보다 낮은 곳에 위치하는데 정돌하게 생겼다. 전순은 우선의 영향으로 마무리됐다. 돌혈은 선익이 현침인데 좌측에 2개, 우측에 2개가 있으며 수직으로 깊게 붙어 있다. 우선의 영향으로 좌선의 현침보단 우선의 현침이 규모가 있고 크다.

3성은 오른쪽의 현침에 붙어 있어 우선룡의 형태가 유난히 나타난다. 다른 3성은 보이지 않는다.

여기는 입수를 지나 혈을 만들고 남은 힘으로 전순을 만들면서 마무리했다. 전순이 좋다.

분합은 상분은 되나 높은 곳에 혈이 있으므로 하합은 불발이다. 물길은 각개의 의미로 사방팔방으로 흩어지며 이는 돌혈의 특징이다.

이 혈은 높이에 의한 비례와 혈의 전후좌우의 폭이 유사하게 엇비슷하다. 즉 D/H 비가 1:1로 상하나 전후좌우의 현침에 의한 수평의 비가 유사하다. 이러한 경우는 대돌도 아니고 소돌도 아닌 중돌의 크기이다. 중돌은 대돌에 비해 바람의 피해가 없으며, 소돌은 규모가 작아 주변에 비해 그 규모가 작으므로 답답한 기운이 도는 데 비해 중돌은 대돌과 소돌의 장점을 가진 돌로서 좋다. 물론 단점도 존재한다.

따라서 이곳의 4상은 산곡 속에 위치한 관계로 산돌이면서 그 크기가 상하 전후좌우가 비슷한 중돌의 돌혈 명당으로 〈그림 82〉와 같다. ①은 입수, ②는 현침으로 선익이며, ③은 혈, ④는 전순이다.

【 〈그림 82〉 산돌과 중돌의 돌혈 】

2) 무명인의 묘

이 자리는 경상북도 의성군 어느 면부에 위치한다. 관리자가 무명으로 위치를 나타내지 않기를 원해 필자만 이해하고 있다. 5악이 있다. 입수는 혈보다 낮은 곳에 있으나 정돌하다. 전순은 우선의 힘에 의해 전순까지 돌아 마무리했다. 선익은 현침의 형태로 되어야 하나 〈그림 83〉처럼 반반으로 나타났다. 양중음은 분명하다.

3성인 관성과 요성이 있다. 관성은 전순의 좌우측에 붙어 있으며 요성은 좌우측의 선익에 모양이 다르게 붙어 있다.

물길은 각각 흩어져 나간다. 이는 7군데로 빠져나가므로 이러한 현상이 이 혈의 특징이 된다.

혈 4상은 중돌의 형태이며 산속에 위치해 있으므로 산돌이다. 따라서 이 혈은 중돌이면서 산돌의 돌혈이다.

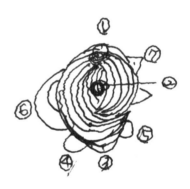

【 〈그림 83〉 중돌과 산돌의 돌혈 】

❖ 혈 4상별 비교 분석

혈 4상별 세부적인 분석은 다음과 같다. 이러한 방법은 5악에 의한 혈상 분석으로 랜덤식으로 54개소를 조사했다. 와혈은 41개, 겸혈은 5개, 유혈은 3개, 돌혈은 5개로 분류됐다.

혈상에 대한 분포는 와혈 76%, 겸혈 9%, 유혈 6%, 돌혈 9%이지만 통계치가 소규모이므로 계속 수집할 계획이다.

① 와혈 비교 분석

개소 수	와혈						비고
	정와 &심와	정와 &천와	협와 &심와	협와 &천와	변와 &심와	변와 &천와	
41	6	18	5	6	3	3	

② 겸혈 비교 분석

개소 수	겸혈			비고
	장겸&직겸	중겸&곡겸	단겸&곡겸	
5	2	1	2	

③ 유혈 비교 분석

개소 수	유혈			비고
	장유&대유	중유&대유	단유&대유	
3	1	1	1	

④ 돌혈 비교 분석

개소 수	돌혈			비고
	평돌&대돌	산돌&소돌	산돌&중돌	
5	1	2	2	

⑤ 혈 4상에 대한 분석

개소 수	혈 4상(%)				비고
	와혈	겸혈	유혈	돌혈	
54(100)	41(76)	5(9)	3(6)	5(9)	

Ⅳ
/
의문에 대한 문제점

혈상에 의한 5악 등 전체적인 문제에 대해서는
여러 가지를 논해 살펴볼 수가 있었다. 혈상의 이름, 혈의 물길, 혈 경사,
선룡과 전순, 전순의 생성 원리, 상분 하합, 5악과 6악, 입혈맥 여부,
혈심 깊이와 평탄 고르기 등에 대한 의문이 있어
이에 대한 문제를 제기하고자 한다.

1. 혈상의 이름

세부적인 혈상은 와혈은 활와·협와·천와·심와로, 겸혈은 장겸·단겸·직
겸·곡겸으로, 유혈은 장유·단유·대유·소유로, 돌혈은 평돌·산돌·대돌·소
돌로 구분되는 것이 일반적이다.

(1) 와혈

와혈은 2가지로 구분된다. 넓이에 따라 활와와 협와로, 깊이에 따라 천와와
심와로 나눈다. 활와는 깊이에 따라 심와, 천와가 되는 것이어야 하지 않을
까? 협와는 다른가? 아니다. 마찬가지로 같은 내용이다. 이에 대해서는 깊이
있는 고민이 필요할 것이다. 풍수 고전에서는 단순하게 'or'의 의미로 풀어놓
았는데 이 사항에 의문이 생겨 문제를 제기하는 바이다.

(2) 겸혈

겸혈은 길고 짧음에 따라 장겸 · 단겸으로, 선익의 형태가 일직선인지 굽어
져 있는지에 따라 직겸 · 곡겸으로 나눈다. 선익이 긴 장겸에 직으로 된 직겸
인지 곡겸인지를, 선익이 짧은 단겸에 직겸인지 곡겸인지를 구분하는 것이 맞

는지에 대한 의문이다. 겸혈 역시 단순하게 단일의 혈로 표현하는 데는 무리
가 따른다. 이 역시도 'or'의 의미가 맞는지에 대한 문제를 제기하는 바이다.

(3) 유혈

유혈은 길이에 따라 장유와 단유로, 크기에 따라 대유와 소유로 구분된다.
장유에 대유가 있고 소유가 있는 것인지, 단유에 대유와 소유가 있는 것인지
에 대한 의문이다. 이 역시 마찬가지로 'or'의 개념이 아닌 듯하다.

(4) 돌혈

돌혈은 크기에 따라 대돌과 소돌로, 위치에 따라 평양돌(평돌로 약칭)과 산곡
돌(산돌로 약칭)로 구분된다. 돌혈은 와 겸 유혈과 같은 의미일까? 대돌에는 평
돌과 산돌이 있듯, 소돌에도 평돌과 산돌이 있는 것이 올바른 내용이 아닌가
한다.

2. 혈의 물길

혈에서의 물길은 어떻게 흘러가는지에 대한 질문이다. 혈장에서 물길의 흐
름은 몇 개의 물길로 가는 것이 좋을까? 필자는 혈상에 따라 달라져야 하는
것이 아닌가 생각한다. 이는 장법을 통해 봉분의 형성 과정은 같지만 혈상의
형태는 다르기 때문이다. 이 부분에 대한 궁금한 사항이 있어 문제를 제기하
는 바이다.

3. 혈 경사

혈장의 형성은 경사지에 따라 달라진다. 혈증인 5악은 입수와 전순, 좌우 선익과 혈이다. 입수와 혈과 전순은 경사면 높낮이에 따라 그 높이가 달라지기 때문이다. 와겸혈의 경우엔 입수 아래 혈이, 혈 아래 전순이 통상 위치한다. 이에 비해 유혈과 돌혈은 혈이 높은 곳에, 입수와 전순은 낮은 곳에 위치한다. 일괄적인 입수 · 혈 · 전순의 경사 흐름의 배치는 문제가 있는 듯하다. 올바른 판단이 요구된다.

4. 선룡과 전순

전순의 흐름을 보고 판단해야만 선룡이 해결되는 것이 아닌지 의문이다. 선룡과 전순은 혈 4상에서 같은 방향으로 이루어져 나타나는지에 대한 의문 사항이다. 좌선룡이면 전순까지는 좌선의 흐름으로, 우선룡이면 전순까지 우선의 흐름으로 되어 있는지에 대한 문제 제기이다. 일반적으로 전순까지 선룡을 보는 경우는 드물기 때문이다.

5. 선룡과 선수

일반적으로 혈장의 선룡이 좌선룡이면 우선수가, 우선룡이면 좌선수가 격이 맞는 것으로 이해했다. 그러나 이에 대해서는 여러 가지 풍수적인 오해의 소지가 있다. 우선룡이면 우선수가, 좌선룡이면 좌선수가 맞는 것인지 의심해 본다.

6. 천광 깊이

천광은 중요하다. 너무 깊게 하면 기는 상으로 가고 너무 얕게 하면 기는 밑으로 지나게 되는 이치로 깊이 조절은 상당한 의미가 있다. 천광을 어렵다고 하는 이유가 이 때문이다. 혈을 찾아 천광을 함에 있어 깊이에 대한 결정은 어떻게 하여야 하는지에 대한 문제이다. 혈에 대한 깊이는 혈 4상과는 관계가 없는가? 관계가 있다면 와혈과 겸혈은 어떻게 결정하고 유혈과 돌혈은 어떻게 해야 되는지에 대한 천광의 깊이 결정은? 와겸은 5악의 선익을 참고삼아 천장을, 유돌은 전순을 참고로 심장을 해야 하는지? 아니면 반대로 와겸은 심장을, 유돌은 천장을 하여야 하는지? 그러하지 않으면 임의로 하면 되는지에 대한 의문이다.

7. 천장 후 바닥면 정리(베개)

통상 바닥면 정리는 살아생전 베개를 베고 있는 것으로 생각하여 전면이 후면보다 경사율 2%-5% 정도 낮게 하여 작업하는 것이 보편적이다. 그러나 혈상에 따라 다르게 해야 한다. 천장 완료 후 지면과 천장의 깊이가 결정되면 지표면의 정리는 자연의 이치에 따라 하여야 된다. 와혈과 겸혈은 경사지게 하는 것이 아닌지? 유돌은 평탄하게 정리하여야 하는 것에 대한 의문 사항이다.

8. 5악에 의한 4상혈과 6악에 의한 4상혈

혈상에 의한 5악은 입수와 전순 좌우 선익과 혈이다. 혈로 진입코자 하는 경우 입혈맥은 존재하는 것이 아닌가. 존재한다면 6악이 맞는가, 6악이 아니면 5악이 맞는가. 〈표 2〉와 같은 혈의 변천 과정 추이는 가능할까?

【 〈표 2〉 혈의 변천(발전) 과정 추이 】

구분	혈 4상(4악)	5악에 의한 혈 4상	6악에 의한 혈 4상
형태	와겸유돌	입수 전순 좌선익 우선익 혈	입혈맥 추가로 1악
문제점	전순 無	입혈맥 無	상모(콧부리)와 유사
分合	分合 不	上分 미흡(입혈 무)	上分 만족
진행 과정	풍수 고전	현대 흐름 그대로 만족	개선 방향
흐름	과거	현재에도 그림 그대로 사용	지금부터 6악 활용

9. 상분과 하합

물의 흐름은 입수에서는 갈라져야 되는 상분이 전순에서는 물이 합해지는 합수가 되어야 상분과 하합이 잘된 것이라 하는데 혈 4상에서는 같은가, 다른가에 대한 의문이다.

10. 혈의 특징

혈상에서 와혈은 현릉사로, 겸혈은 낙조사로, 유혈은 우각사로, 돌혈은 현침사로 대칭된다. 이에 대한 이론이 맞는가? 즉, 예시와 같은가, 아니면 다른가? 이에 따른 해석이 필요하다.

11. 여기

전순에는 여기가 다 있는가, 없는가? 남는 에너지는 전순에 다 모이는가에 대한 의문이다. 입수는 혈에게 전하여지면서 혈에서는 전순으로 전달이 될까? 이것이 여기일까? 혈 4상 모두 여기가 있을까, 없을까? 같을까?

12. 전순의 생성 원리

혈 4상 모두 전순의 생성 원리는 같은가, 다른가? 전순의 형태는 어떻게 이루어지는지에 대한 궁금증의 연구가 필요하다.

13. 혈의 가치

4상혈 중 어느 혈이 좋은가. 혈에 대해 길흉을 따질 수가 있는가, 아니면 혈은 공통적으로 같은가. 또한 판단할 필요는 있는가? 있다면 그 근거는 무엇인가?

14. 혈의 통계

어느 4상혈이 많은지에 대한 명확한 통계치를 쉽게 얻는다는 것은 어렵다. 다만 관산 중에 나타난 자료를 응용하면 어떨까 한다. 그러면 와혈이 많은가, 유혈이 많은가? 한 번쯤 생각의 여지가 필요하다. 우리나라의 풍수 연구가(학술 포함)는 얼마인지, 4상혈은 어느 것이 많은지에 대한 자료는 있는가?

15. 와혈과 겸혈의 구분

이 혈은 큰 개념으로는 음혈로 유사하지만 혈상을 구분하는 데는 같지 않다. 와혈인지, 겸혈인지에 대한 구분은 어떻게 하여야 하는가? 전순으로 이를 구분할 수 있는 방법은 없을까? 아니면 어떤 방법이 있을까? 일반적인 이해가 되지 않아 문제를 제기한다.

16. 선익의 이름

선익의 이름은? 와혈은 현릉, 겸혈은 우각, 유혈은 선익, 돌혈은 현침인가.

17. 종선과 횡선

재혈 시에 종선과 횡선은 필요한가, 불필요한가?

18. 돌혈의 구분

돌혈의 대돌과 소돌의 구분은 가능할까? 크기가 큰혈이면 대돌일까, 크기가 작으면 소돌일까? 크기에 따른 내용은 아닐 것이다. 학교 종 모양은 소돌인가, 대돌인가. 시골의 조선 솥은 대돌인가, 소돌인가에 대한 의문이다. 어느 누구도 이에 대한 개념을 제대로 정립하지 않았다. 이는 현존하는 풍수계의 존립의 문제가 아닌가?

19. 혈상의 이름 정립

(1) 물길
혈상별 물길은 어떤가?

(2) 분합
혈상별 분합은 어떤가?

(3) 여기
혈상별 여기는 어떤가?

(4) 양득양파의 잘못된 해석의 이해
혈상별 양득양파는?

【 〈표 3〉 의문 및 문제점 집계표 】

일련	의문 및 문제점	비고
1	혈 4상의 이름이 단수 혹은 복수 여부이다. 혈 4상은 각각 4가지로 대분된다. 와혈은 활와·협와·천와·심와로 나누어, 단수로 활와라고 할 수 있는지, 또는 복수로 활와·겸·천와·심와로 해야 하는지와 겸혈·유혈·돌혈 또한 세분하면 단수로, 혹은 복수의 이름인가.	
2	4상에 따른 혈의 물길은 하나인가, 여러 개인가.	
3	혈은 경사지에서 있는가, 평탄지에 있는가.	
4	선룡이란 어디에서 어디까지인가.	
5	좌선룡에 좌선수인가, 좌선룡에 우선수인가.	
6	천장과 심장의 기준은?	
7	천장의 바닥면은? 와겸은 경사가, 유돌은 평탄이 되어야 하는가?	
8	입혈맥의 유무. 5악인지, 6악인지.	
9	상분하합은 혈 4상 모두 되는가?	
10	혈의 특징은 있냐, 없냐? 와혈은 헌릉사, 겸혈은 낙조사, 유혈은 선릭이, 돌혈은 현침이 있어야 하는가?	
11	여기는 혈 4상 모두 있는가?	
12	전순의 생성 원리는?	
13	혈의 가치는? 와겸유돌 중 어느 것이 좋은가, 같은가.	
14	혈은 유혈이 가장 많은가?	
15	와겸의 구분은? 특히 와혈과 곡겸의 차이는 무엇인가?	
16	선익의 이름은? 와혈은 현릉, 겸혈은 겸이, 유혈은 선익이, 돌혈은 현침인가.	
17	재혈 시 종선과 횡선은 같은가, 다른가.	
18	소돌과 대돌의 구분	
19	혈상의 최종 이름	
20	혈상별 물길은, 분합은, 여기는, 양득양파는 어떤가?	

V / 해결 방안

혈의 4상에서 문제는 전순의 유무이고,

혈증 5악에서 문제는 전순의 생성 원리에 대한

그림과 표현이 없다는 것이다.

따라서 4상의 그림에서는 전순이 있어야 하고

5악에서는 입혈맥이 있어야 하며, 5악에 의한 4상은

전순의 생성 원리가 혈상에 따라 다르게 표현되어야 한다.

혈의 4상에서의 문제는 전순의 유무이다. 혈상을 나타낸 고전의 어느 그림에서도 전순은 찾아볼 수가 없었다는 점이다.

혈증 5악에서는 전순의 생성 원리에 대한 그림과 표현이 없다는 것이다. 또한 입혈맥의 존재이다. 입혈맥은 물의 분합 원리에서 없어서는 아니 되는 중요한 요소이다. 입혈맥이 없으면 상분은 깨어진다. 입수 아래 물길이 구분 없이 왔다가 갔다가 한다. 이렇게 되면 입수맥이 깨어지거나 잘려서 힘(에너지)이 혈까지 도달할 수 없게 된다. 맥의 전달이 제대로 되어야 하는데 되지 않는다는 것이다.

따라서 전체적으로 살펴보면 4상의 그림에서는 전순이 있어야 하는 것과 5악에서는 입혈맥이 있어야 하고, 5악에 의한 4상은 전순의 생성 원리가 혈상에 따라 다르게 표현되어야 한다.

1. 혈상의 구분

(1) 와혈

1) 와혈은 지표면의 전후좌우를 보고 판단하는 것으로 협와와 활와가 있으

나 현장 확인 결과 활와는 없고 변와가 많다. 따라서 지표면으로 분석하는 것은 협와와 변와로 구분했다.

2) 지표면을 상하로 보는 방법은 깊이가 깊으면 심와로, 얕으면 천와로 했다. 그 구분은 서서 진행해 가는 입맥이면 심와로, 누워서 가면 천와로 분석했다. 이에 따라 정와 and 심와, 정와 and 천와, 협와 and 천와, 협와 and 심와, 변와 and 천와, 변와 and 심와 등 6개가 된다.

❖ 활와 없다

와혈은 영어로 'or'가 아닌 'and'가 되어야 한다는 것이다. 'or' 단수의 혈상은 있을 수가 없다. 와혈은 선익의 폭을 기준으로 넓으면 활와로, 그 폭이 좁으면 협와로 되는데 그 깊이는 심와와 천와로 구분하여 해석하는 것이다. 즉, 선익의 높이와 폭의 비례적인 방법으로 D/H 비가 1 이상이면 심와로, 미만이면 천와로 판단하면 된다. 그리고 와혈의 넓은 활와는 관산 시 확인해 본 결과 지금까지 발견한 적이 없으며 여타 관산자의 의견도 마찬가지이다. 따라서 활와는 없는 것이 명백하다.

(정와 and 천와, 정와 and 심와, 협와 and 천와, 협와 and 심와, 변와 and 천와, 변와 and 심와)

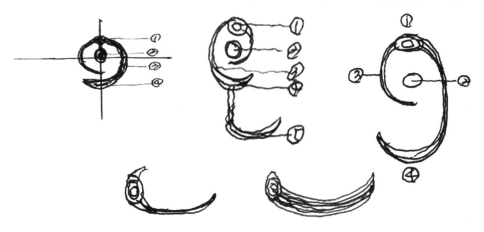

【 〈그림 84〉 와혈 그림 】

(2) 겸혈

1) 겸혈은 혈의 길이에 따라 구분하는데 그 모양이 원(圓)에 가까우면 단겸
으로, 방(方)에 가까우면 장겸으로, 圓方의 모양이 합해지면 중겸으로
분석했다.

2) 형태에 다른 구분으로 좌우 선익이 둥글게 형성되면 곡겸으로, 곡겸의
형태가 아니면 직겸으로 분석했다. 따라서 장겸 and 곡겸, 장겸 and 직
겸, 중겸 and 곡겸, 중겸 and 직겸, 단겸 and 곡겸, 단겸 and 직겸으
로 분석하여 6개가 된다.

❖ 겸혈 예외

중겸 있다 | 겸혈에 길지도 짧지도 않은 중간 단계인 '중겸'이 있다. 즉, 장겸과
단겸의 중간에 중겸이 있다는 사실이다. 따라서 겸혈에는 6개의 혈이 존재한다.

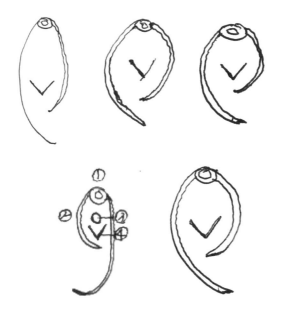

【 〈그림 85〉 겸혈(장·중·단과 직·곡)의 그림 】

(3) 유혈

　유혈은 상하 길이에 따라 장유 · 중유 · 소유로 구분되고, 좌우측의 폭의 크기에 따라 대유 · 소유로 구분했다. 대유 · 소유의 구분은 좌측이나 우측의 요성의 붙음 여부다. 요성이 붙어 있으면 대유로 요성이 없으면 소유로 구분했다. 따라서 장유 and 대유, 장유 and 단유, 중유 and 대유, 중유 and 소유, 단유 and 대유, 단유 and 소유의 6종류가 있다.

❖ 중유 있다

　유혈은 역시 와혈과 겸혈의 이름과 같은 복수의 혈명이다. 단수의 혈은 될 수가 없다. 그리고 대유와 소유, 장유와 단유와는 중간 형태의 중유가 있다. 따라서 유혈에는 대유와 소유, 그리고 장유와 단유의 중간 형태인 중유가 있다.

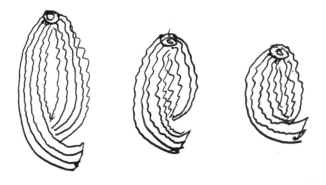

【 〈그림 86〉 유혈의 장유·중유·단유, 대유·소유의 그림 】

(4) 돌혈

1) 돌혈은 위치에 따라 산속에 있으면 산돌로, 평야지에 있으면 평돌로 구분했다.

2) 대돌과 소돌의 구분은 현침의 여부에 따랐다. 현침이 수평으로 붙어 있으면 대돌을, 수직으로 붙어 있으면 소돌이다. 다만 중돌은 대돌과 소돌의 중간치로 혈의 높이와 폭의 정도에 따라 구분했다. 따라서 돌혈은 평돌 and 대돌, 평돌 and 중돌, 평돌 and 소돌, 산돌 and 대돌, 산돌 and 중돌, 산돌 and 소돌의 6종류이다. 일반적으로 대돌은 조선 솥의 모양으로 평지에서 확인되며, 소돌은 옛날 초등학교의 종 모양으로 이 혈은 산 정상에서 다소 확인된다.

❖ 중돌 있다

돌혈 역시 와혈과 겸혈 유혈과 마찬가지로 복수적인 혈로 구성되었다. 단수의 혈을 풍수 고전에서는 주장이 되었지만 현실에서는 가능하지 않다. 따라서 복수의 4종과 '중돌'로 6종이 존재한다.

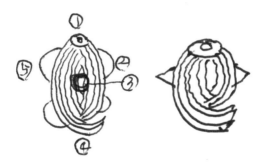

【 〈그림 87〉 대돌과 소돌의 모양 】

2. 혈의 물길

와혈에는 물 빠짐이 일정하게 1개소로 나가야만 된다. 와혈상에서 물 빠짐이 여러 갈래로 흩어져 나가면 효율성이 떨어질 수밖에 없다. 장법을 하는 경우에 봉분의 정리 등 물 빠짐은 특정한 개소로 나가야 하는 점이 중요하다.

겸혈은 물 빠짐이 2군데로 나가야만 한다. 이러한 이치는 낙조사가 있으므로 좌우측이 물길이다. 혈장 안에서 물길의 흐름이 2군데로 흘러가야만 제대로 된 겸혈이다. 그러나 현장에서는 이러한 곳이 형질 변경으로 구성되지 않았다. 보다 많은 대상지의 관산이 요구된다.

유혈의 물빠짐은 3군데로 나간다. 이는 전순과 몸체의 좌우측이다.

돌혈에서의 물 빠짐은 7군데로 분산된다. 7군데는 입수 앞과 현침 좌우 부분 2군데, 현침 간 좌우 부분 2군데, 앞부분 현침 2군데, 전순 앞 1군데로 도합 7군데로 물의 빠짐이 있어야 올바른 돌혈의 혈상이다. 이러한 혈상은 묘지 작업 시에도 자연 그대로 원형을 유지해야 된다. 형질 변경이 과다하여 원형이 변형되면 물길의 흐름이 달라진다. 이러한 장법은 자연을 거슬리게 하는 방법으로 좋지 못하다. 따라서 돌혈은 7개소로의 물 빠짐이 있어야만 정상적인 물길이 된다.

3. 혈 경사

(1) 와혈과 겸혈

와혈의 5악을 지표면의 경사지로 보면 입수가 높고 아래에 혈이 존재하고 그 밑에 전순이 있다. 즉, 가장 낮은 것이 전순이다. 경사로 보면 높은 곳에는 입수가 중간에는 혈이 낮은 곳에는 전순이 있어야 올바른 와혈이 되거나 겸혈이 된다.

(2) 유혈과 돌혈

유혈과 돌혈은 최고 정상부에 위치한다. 이는 입수와 전순이 낮고 정상부가 혈이 되며 이는 와혈과 겸혈과의 차이점이다. 입수가 높고 다음이 선익하고 혈이며 전순이 낮은 곳에 위치하는 점이 다른 차이이다.

4. 선룡과 전순

선룡은 혈을 기준으로 하여 일방 한쪽으로 입수부터 시작하여 전순까지 같은 방향으로 돌아감이 되어야 선룡이라 하는데 좌선룡과 우선룡의 2가지가 있다. 좌선룡은 입수에서 시계 방향으로 전순까지 돌아야 하며 우선룡은 좌선과 마찬가지로 입수에서 전순까지 시계 반대 방향으로 돌아야만 우선룡이라 한다. 혈 4상에서는 공히 이러한 원칙이 통일되어 적용된다.

5. 선룡과 선수

선룡과 선수는 같은 방향이다. 선룡이 우선이면 물도 우선이다. 이에 따라 용이 좌선이면 좌선룡이 되고 물은 좌선수가 된다. 일반에서는 용이 좌선이면 물은 우선이 되는 것이 원칙인 양 알고 있지만, 다르다. 즉, 용이 좌선룡이면 물도 좌선수가 되며 우선룡이면 우선수가 된다. 선룡의 선익이 돌아가는 이치를 알아야 하며 좌선익은 좌선수가 되는 것이 당연지사이다. 좌선룡에 우선수가 합국이라는 개념은 바르지 않으므로 수정되어야 한다.

6. 천광 깊이

(1) 천광의 깊이는 얕게 파는 천장과 깊게 파는 심장의 2가지 방법으로 나눈다. 천장은 5악에서 선익을 기준으로 파는 방법이다. 이 방법이 와혈과 겸혈에 적용된다. 이는 경사지가 되므로 선익을 기준선으로 깊이를 측정하여 천광을 함으로써 그 깊이가 얕다. 선익의 힘을 받을 수가 있도록 하는 천심의 방법이다. 천심의 깊이는 통상 1m 내외로 판단된다.

(2) 천장에 비해 심장은 깊게 파는 것이다. 깊게 파는 기준선이 전순이다. 유혈과 돌혈은 혈 아래 낮은 곳에 있는 것이 전순이다. 전순은 일반적으로 처져 있다. 전순을 기준 선으로 해서 혈을 천광하면 깊이가 깊어진다. 이것이 심장이다. 심장은 통상 1.5m 정도 내외의 깊이이다. 즉, 천장은 와혈과 겸혈로서 선익을 기준으로, 심장은 유혈과 돌혈로 전순을 기준으로 해서 그 깊이가 결정된다.

7. 천장 후 바닥면 정리

바닥면 정리는 자연을 따라 하여야 하는데 2가지로 나눈다. 경사지게 하는 것과 평탄하게 하는 방법이다. 장사할 때 바닥면의 기울기는 산 사람과 같이 하여야 하나 자연인 산의 혈과도 관계가 있으므로 이에 대한 관련성을 논하고자 한다.

(1) 와혈과 겸혈
바닥면 고르기를 경사지게 하는 방법으로 앞이 기울어지도록 하는 방법이다. 그 기울기는 산 사람이 편하게 잠자는 형태의 기울기로 2%-5% 정도의 기울기로 하면 된다. 이러한 방법으로 하는 것은 와혈과 겸혈이다. 두 혈은 자연적으로 경사가 기울어져 있어 이 경사 비율로 하는 것이 타당하다. 만약에 산의 지형 경사율이 2%-5%가 넘는 경우에도 죽은 자가 편안하게 누운 경사율로 적용하는 것이 좋다.

(2) 유혈과 돌혈

유혈과 돌혈은 가장 높은 곳에 있는 것이 혈이다. 이 경우에 입수와 전순이 혈보다 낮고 혈은 평탄한 곳의 최고봉인 높은 곳에 있다. 바닥의 앞뒤가 낮거나 높게 되면 불안하다. 그러므로 평탄하게 하여야만 뒤로 쏠리거나 앞으로의 쏠림 현상이 없으므로 유·돌혈은 평탄하게 천장의 바닥면이 고르게 정리하여야 비로소 안정감이 생긴다. 이 점은 대단히 중요하므로 실천하여야 한다.

8. 5악과 6악

혈의 6악은 5악+1악이다. 1악은 입혈맥이다. 입혈맥은 입수에서 소분맥을 하여 혈로 들어가는 진입부이다. 이 진입부가 없으면 물을 갈라 줄 수 없으며 아직 아무도 주장하지 못한 1악이 입혈맥이다. 비가 오면 지상에서는 빗물이 모였다가 한 곳으로 흐르게 되는데 이때 물길이 형성된다. 이 물길이 일정하게 흘러가야만 혈상이 생성된다. 좌에서나 우에서 물길이 흘러 분리되도록 하는 역할이 입혈맥이다. 입혈맥은 좌측의 물길과 우측의 물길이 갈라지도록 하는 촌(寸)의 구별 맥이다. 이러한 역할이 상분이다. 상분이 되어야 혈이 되는데 특히 와혈에서는 물길을 나누어 주지 못하면 혈이 생성되지 않는다. 모여진 물이 일정하게 한 방향으로 흘러가도록 하는 역할이 입혈이다. 입혈은 상분을 하는 데에 있어서는 필요충분조건이다. 이것이 있어야만 혈을 만드는 조건이 되므로 상당히 중요한데 입혈맥의 여부에 대해 정리한 서책이나 주장자가 없다. 따라서 현장에는 이러한 입혈맥의 확인이 필요하다. 곧, 입혈맥이 1악이면 혈장은 6악이 되어야 올바른 혈이라 할 수 있다.

9. 상분과 하합

(1) 와혈

와혈에서 분합은 정상적으로 이루어진다. 입수 아래 입혈맥에서 물이 갈라지는 현상이 상분이며 혈 아래에서 좌선익과 우선익 안의 물이 만나서 하합이 이루어져야만 정상적인 혈이 생성된다. 입수에서는 분하고 전순 안에서 합해지는 정상적인 상분과 하합이 분합이다. 이러한 분합은 혈 4상에서 와혈이 유일하다.

(2) 겸혈

겸혈은 상분은 되나 하합은 전순 밑(下)에서 이루어져 와혈과는 차이가 있다. 와혈은 전순 위(上)에서 이루어지는 데 반해 겸혈은 전순 밖에서 이루어지는 것이 차이점이다. 이는 와혈과 겸혈의 혈상 구분이다. 즉, 전순의 밖에서는 하합이 된다. 따라서 겸혈 역시 상분과 하합은 된다고 볼 수 있으나, 와혈처럼 완전무결한 하합은 아닌 물길이 2개로 불완전한 하합이라는 점이 차이점이다.

(3) 유혈과 돌혈

두 혈은 상분은 되나 하합은 불가능하다. 전순 안에서 이루어져야만 가능하다고 볼 수가 있으나 제각각으로 분리되어 흘러간다. 상분은 입혈맥이 있어 이루어지나 하합은 불가능한 혈로 유혈은 3군데로 돌혈은 7군데로 물이 나간다. 이는 제대로의 분합이 이루어지는 혈상이 아닌 것이다.

10. 혈의 특징

와혈에는 현릉사가 있다고 하지만 총체적으로는 선익사이다. 5악의 선익사는 혈 4상을 구분 짓는 핵심적 사항이다. 입수에서 좌우로 갈라 준 선익은 우열이 있다. 한쪽이 다른 쪽의 선익을 감아 주어야 한다. 이처럼 와혈에서는 선익이 없으면 혈이 될 수가 없다. 그만큼 선익의 존재는 존귀하며 중요하다. 혈상의 특징이 현릉이라고 하는 것은 미미함을 암시한다. 뚜렷함이 떨어지는 것을 의미하므로 지표면을 보고 판단하는 데는 미세하게 보아야 한다. 대수롭지 않게 보고 판단해서는 쉽게 보이지 않는 것이 현릉인 선익이다.

겸혈은 혈에서 여기로 나가는 곳이 전순이다. 전순의 형태는 대추 모양으로 낙조이다. 낙조사는 혈을 만들고 남은 힘으로 만들어지는데 그 형태가 일정하다. 선룡이 우선이면 우선의 형태가 되고 선룡이 좌선이면 좌선의 형태로 마무리된다. 겸혈에는 낙조가 있어야 진혈이라고 판단하는데 구분이 쉽지 않으므로 많은 경험이 요구된다. 모범적인 현장을 누적적으로 보는 훈련이 필요할 것으로 보인다.

유혈은 우각사라 하여 소의 뿔 모양의 선익이 고전에는 있다 하나 필자의 식견으로는 없다. 유혈에는 몸체에 감추어 있다고 보아 선익이 없다 함이 맞다. 즉, 우각사는 선익이 없는 것이다.

돌혈의 선익은 현침사가 있어야 한다. 현침은 5악에 해당하는 선익이다. 돌혈에서 선익이 있어야 하는 조건이다. 현침은 재혈 시에 필요조건이다. 이것이 없으면 평탄면에 대한 혈심을 잡는 데 어려움이 따른다. 따라서 돌혈의 현침은 필요한 조건이 되어 그에 따른 중요성은 크다.

11. 여기

와혈에는 여기가 없다. 혈 밑에는 물이기에 여기가 없으며 전순은 한쪽의 선익을 통한 끝부분에서 생성된다. 혈의 하단부는 좌우측의 물이 상호 돌아 합수되는 곳이 되어 입수와 입혈맥을 통한 혈의 종착점이다. 이는 계수즉지의 원칙이기 때문이다. 이러한 이치로 와혈에는 여기가 없다.

이에 비해 겸혈과 유혈, 돌혈은 여기가 있다. 여기의 단계는 입수에서 혈로 혈에서 전순으로 연결된다. 원래 혈은 마무리가 원칙이다. 그러나 듣기 좋아하는 소리로 여기라 했다. 혈을 만들고 설기로 인해 남는 힘이 여기가 된다. 여기는 전순으로 가서 마지막으로 마무리를 한다. 따라서 와혈과 나머지 혈의 차이점은 전순이 여기로 되는 여부를 가리면 된다.

12. 전순의 생성 원리

와혈에서 전순은 중요하다. 전순은 어디에서 연결됨을 이해해야만 된다. 입수를 통해 분맥된 선익은 전순으로 연결되기 때문이다. 전순의 생성 원리는 2가지이다. 와혈은 선익으로 연결되나 여타 혈은 혈로 연결된다. 선익의 탄생 배경이 상호 다르다는 이유이다. 와혈은 여기의 설명처럼 연계성이 없다. 이에 비해 여타 혈은 입수 입혈맥 혈 그리고 전순까지 일직선으로 연계가 된다. 이 차이가 와혈과 다른 혈상과의 차별로 (생성 원리가 다르므로) 자연에서 혈을 보는 방법론은 다르게 생각해야 구별된다. 이런 생각 없이 관산만 다닌다고 혈을 보는 실력은 진전이 없다. 생각과 방법을 바꾸면 혈은 보인다.

13. 혈의 가치

(1) 물길 수

와혈은 하합이 된다. 나가는 물길이 한곳으로 모여 나간다. 겸혈은 2곳으로 나간다. 유혈은 3곳으로 나간다. 돌혈은 7곳으로 나간다. 물길로 보는 혈의 가치는 와혈이 1파가 되며 겸혈은 2파이고 유혈은 3파이며 돌혈은 7파로 파수에 따라 달라지며 각각 다르다. 순위는 와겸유돌의 순서가 된다.

(2) 분합의 원리

분합이 정상적으로 이루어지는 것은 와혈이다. 겸혈은 전순 바깥에서 이루어진다. 유혈과 돌혈은 상분은 되나 하합은 이루어지지 않는다. 따라서 혈의 물길 수나 분합의 원리로 볼 때 우선순위는 와혈 · 겸혈의 순으로 되어 있으며 그다음이 유혈과 돌혈 순서로 순위가 결정된다.

(3) 여기의 역활

혈은 100%가 형성되어야만 제대로 된 결정체가 된다. 여기는 혈 밑에서 이루어져야 하는데 와혈에는 혈 밑이 물이다. 전순은 좌측이나 우측의 선익으로 연결되어 생성된다. 이러한 이유로 와혈에는 여기가 없고 혈에서 100% 마무리한다. 이렇게 되어야만 가장 좋은 혈이 된다.

겸혈에는 여기가 있다. 혈 밑에 낙조사가 생성되기 때문이며 이 사가 여기로 형성된다. 여기로 생성되는 것이 전순이다.

유혈도 겸혈과 마찬가지로 혈 아래에 전순이 생성된다. 전순은 여기로 만들어진다. 그러므로 혈은 100%가 아닌 다른 몸체에 나누어 주어야 하는 혈로서는 완전무결하지 않다.

돌혈도 겸혈이나 유혈과 마찬가지로 혈 밑에 전순으로 연결된 것이 여기이다. 혈의 여기는 겸혈 유혈 돌혈이 되나 와혈은 여기가 되지 않는다. 혈은 여기가 되지 않는 조건의 와혈이 가장 선호된다.

14. 혈의 통계

제주도를 제외한 남한 땅에서 혈 4상의 수량이 어떻게 될 것인지에 대한 문제는 필요치 않는 것 같다. 그러나 풍수인의 입장에서는 생각이 다르다. 알고 있는 것과 모르는 것의 차이는 크기 때문이다. 혈의 통계는 일단 객관적이지는 않다. 첫째로는 조사 대상 개소가 많지 않다는 사실이다. 전국에 산재된 기존의 묘지들은 그 수를 헤아리기 힘들 정도로 많지만 조사된 수치는 극히 일부이기 때문이다. 두 번째로는 풍수 논쟁거리가 될 가능성이 있다는 생각이다. 풍수 혈은 보는 관점이나 방법에 따라 천차만별이기 때문이다. 세 번째로는 전국을 대상으로 하지 못하고 몇 개 지역으로 편중되었다는 점이다. 따라서 이러한 여러 가지 이유로 문제는 있다. 그러나 필자는 항상 답답해했다. 일반적인 이해도는 유혈이 많다고 하나 계량된 수치는 아직 없다. 풍수인의 한 사람으로서 언젠가는 해 보고 싶었다. 현장을 다니면서 혈증(6악) 위주로 분석한 결과(수집한 불특정다수의 혈상)는 다음과 같다.

와혈이 76%로 가장 많다. 겸혈이 9%, 유혈이 6%, 돌혈이 9% 정도로 집계됐다. 다만 이러한 분석은 풍수 공부 시작한 이래 혈증을 이해하면서부터 지

금까지(코로나 19 시작) 분석한 것이다.[56]

15. 와혈과 겸혈의 구분

전순의 위치가 와혈과 겸혈을 가른다. 와혈은 선익과의 연결이 되는 것이 전순이다. 이에 비해 겸혈은 선익 밖의 위치에 따라 구분된다. 이유는 선익과의 연결성 때문이다. 겸혈과는 비교된다. 와혈은 앞에서 언급을 했던 바와 같이 선익의 외측 끝부분에 선익과 같이 붙어 있어야만 하지만, 겸혈은 선익의 안쪽에 위치하며 혈을 통한 여기로 생성된 것이 전순이다. 음혈의 한 종류이지만 와혈과 겸혈의 차이이다. 이는 전순이 선익의 안쪽, 즉, 혈 밑에 위치해야만 겸혈로 판단하는데 어느 곳, 어느 서책에도 이에 대한 언급은 없다. 통상 와혈은 규모가 작은 것을, 겸혈은 규모가 큰 것을 의미하는 것으로 이해된다. 이 부분에 대한 문제점이 대두됐다.

16. 선익의 유무

선익의 이름은 무엇인가? 와혈은 미미하므로 현릉이라 하여 선익이라 했다.

겸혈은 양쪽에 있는 젓가락 형태의 겸이 선익이다. 가장 규모가 크고 분명하다.

---

56 코로나 19로 관산이 중지됐다. 지금까지의 통계 수치이다. 물론 이론의 여지는 많고 크다. 이 점 이해한다. 앞으로 풍수인의 객관적인 통계를 기다리겠다.

유혈은 선익이 없다. 몸체에 붙어 있어 선룡과 같이 구성되어 있어 혹자는 선익이 없다고도 하며, 있다고도 한다. 그러나 선익은 없는 것이 특징이다. 이는 물의 흐름이 확인해 준다.

돌혈은 현침이 선익이다. 현침사가 돌혈에서는 특징이다. 이 선익은 수직적으로 서 있는 형태이다. 다른 혈은 옆으로 붙어서 수평적인 데에 비해 수직적인 형태의 선익이 있다는 것이 차이점이다. 따라서 현침은 돌혈에서의 특징이다.

17. 종선과 횡선

종선과 횡선은 혈의 중심을 찾고 잡는 데 있다. 혈 4상 모두 특징이 있어 상호 다르게 놓아야 해결이 된다.

(1) 와혈
종선은 입수와 전순을 기준하여 횡선은 좌우측의 선익을 놓고 그으면 '+' 자가 생긴다. 이곳이 혈의 중심이 된다. 이 십자에 사자의 발이나 배꼽을 맞추면 정혈이 된다.

(2) 겸혈
겸혈의 종선은 와혈과 같다. 횡선은 전순 안쪽의 양 선익을 기준으로 한다. 만나는 그 지점이 혈의 중심이다.

(3) 유혈
유혈의 종선은 다른 혈상과 동일하다. 횡선은 선익이 없으므로 좌우측의 폭이 넓은 곳을 정해 횡선을 하면 된다. 이렇게 하여 만나는 그 지점이 혈심이다.

(4) 돌혈

돌혈 역시 종선은 같다. 횡선은 현침 4곳을 '+' 자가 아닌 '×' 자의 형태로 연결하면 그 지점이 횡선이 되며 종선과 연결된다. × 지점이 혈심이다.

18. 돌혈의 정의

(1) 소돌과 대돌의 구분

돌혈에서 큰 돌과 작은 돌혈의 구분은 쉽게 초등학교의 종과 촌 동네의 조선 솥으로 이해하면 된다. 초등학교의 종 모양은 소돌이 되며 조선 솥의 모양은 대돌이 된다. 이를 산술적으로 풀면 산의 지표면의 높이와 산 뿌리인 거리는 D(지표면 전체 길이를 2분의 1로 나눈 길이)/H나, 2D(지표면 전체)/H로 보고 산술하면 된다. H가 D보다 크면 학교 종인 소돌이 D가 크면 조선 솥으로 보아 돌혈은 구분된다.

【 〈그림 88〉 대돌과 소돌의 그림 】

(2) 중돌의 이해

중돌은 대돌과 소돌의 중간으로 이해하면 된다. 다만 D와 H의 수치가 같거나 비슷하면 돌혈 구분이 쉽지 않아 판단하기가 어렵다. 이 경우가 중돌이 된다.

19. 혈 4상의 이름 최종 정리

(1) 와혈

와혈에는 좌우 선익이 넓은 활와 선익이 좁은 협와 선익이 깊은 심와 얕은 천와가 고전에 있다. 그러나 우리나라에 활와는 없다. 이에 비해 한쪽의 선익이 길게 나간(방맥) 변와가 있으며 전후좌우가 바른 정와가 있다. 따라서 정와·협와·변와에 깊이에 따른 심와와 천와가 있다.

이에 따라 혈 4상의 최종 결론은 정와이면서 심와, 정와이면서 천와, 협와이면서 심와 협와이면서 천와, 변와이면서 심와, 변와이면서 천와의 6종류가 있다.

(2) 겸혈

겸혈에는 좌우 선익이 일직선인 직겸과 선익이 굽은 곡겸, 길이가 긴 장겸과 길이가 짧은 단겸이 있다. 그러나 풍수 고전에는 있지만 우리나라에는 없는 것이 직겸이다. 이 대신에 중겸이 있다.

따라서 최종 결론은 장겸이면서 직겸, 장겸이면서 곡겸, 중겸이면서 직겸, 중겸이면서 곡겸, 단겸이면서 직겸, 단겸이면서 곡겸의 6종류로 나누는 것이 합당하다.

(3) 유혈

유혈은 장유와 단유, 대유와 소유로 나누어지는데 혈의 길이나 폭이 비슷한 중유가 있다. 따라서 장유에 대유와 소유가 있고, 중유에 대유와 소유가 있으며, 단유에 대유와 소유의 6종류가 있다.

(4) 돌혈

돌혈에는 대돌과 소돌, 평돌과 산돌이 있다. 대돌과 소돌의 중간에는 중돌이 있다. 그러므로 평돌에 대돌·중돌·소돌이, 산돌에 대돌·중돌·소돌로 6개가 있다.

20. 혈의 차이

(1) 물길

혈상별 물길은 어떤가. 와혈은 물길이 1개다. 겸혈은 하합의 물줄기가 2개다. 유혈은 물줄기가 3개다. 돌혈은 물줄기가 7개다.

(2) 분합

혈상별 분합은 어떤가. 와혈은 분합이 된다. 겸혈은 하합의 물줄기가 2개다. 유혈은 물줄기가 3개다. 돌혈은 물줄기가 7개로 되어 있다. 겸혈과 유혈, 돌혈은 상분은 되나 하합이 되지 않는다.

(3) 여기

혈상별 여기는 있는가? 와혈은 여기가 없다. 있을 수가 없다. 이에 비해 겸혈, 유혈, 돌혈은 여기가 있다. 기는 입수에서 전달 과정을 거쳐 혈을 만들고

이에 따라 남는 힘이 여기이며 이 여기가 형성된 것이 5악에서 의미하는 전순
이다. 전순은 다 여기로 되어 있다고 하면 일부는 답이 되기도 하지만 나머지
일부는 틀린 말이다. 틀린 말이 와혈에 해당된다. 와혈은 여타 혈과는 생성
과정이 다르다. 입수를 거친 에너지가 혈을 만들면 마무리된다. 이에 비해 다
른 혈은 혈 다음 단계로 여기가 만들어져 전순이 되므로 와혈과는 다르다. 와
혈의 전순은 여기로 된 것이 아닐 뿐만 아니라 한쪽 선익으로 연결된다. 어느
선익에 의해 마지막에 전순이 생성된다. 따라서 전순의 생성 원리에 따라 와
혈과 여타 혈의 차이점이 나타난다.

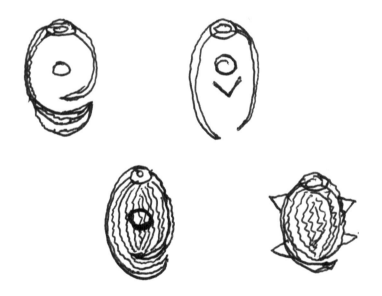

【 〈그림 89〉 와·겸·유·돌혈의 여기 】

(4) 양득양파의 잘못된 해석

양득양파는 못쓰는 것으로 즉, 사용 불가로 이해했다. 사실일까? 아니올시다. 겸혈은 양득양파가 되어야 올바른 혈이 되는 것이 아닌가? 그것의 특이성은 낙조사이다. 낙조는 혈을 만들고 남는 힘, 즉 여기로 전순이 된다. 겸혈의 혈에서 여기로 내려간 것의 형태가 대추씨인 낙조사인 것이다. 이 낙조가 없으면 전순이 생성되지 못한다. 전순이 없으면 혈이 성립되지 않는 이치이다. 그러므로 겸혈은 낙조가 필수적으로 필요하다는 조건이다. 그럼 이 낙조는 왜 필요한가? 혈에서 여기로 생성된 낙조가 전순이기 때문에 이 전순인 낙조로 하여금 하합이 제대로 되지 않도록 하는 역할이 되어, 거기에 따른 물길이 자연스럽게 2개가 된다. 이가 양파이다. 양파는 낙조사가 있음으로 인한 양득의 결과물이다. 그렇다면 풍수지리에서 양득양파는 혈이 되지 않는다는 논리는 잘못 이해되었으며 완전히 틀린 말인 것이다. 따라서 겸혈에는 양득양파가 되어야 올바른 혈이 되는 것이 확실하다.

그럼 유혈은 어떤가. 앞에서 언급하였지만 유혈은 3갈래로 물이 나간다. 3갈래로 물이 나간다는 것은 얻어지는 물도 3군데이다. 이는 3득3파이다.

돌혈은 양득양파가 아닌가? 산 정상에 있는 이 혈은 물이 모이질 않는다. 물의 나감은 7군데이다. 7개소로 물이 나감은 득수도 그렇다는 의미이다. 그 7군데는 입수 전 2군데, 좌우 현침 사이 4군데, 전순에 1군데로 7개소다. 7군데로 나가면 물도 7군데에서 득수로 얻어진다. 그런데 인간은 이러한 돌혈을 마치 와혈처럼 만든다. 이래도 되는 것인지 풍수인은 생각하기 바란다.

이에 비해 와혈은 어떤가? 양득양파인가, 아니다. 분합에서의 하합은 좌우의 물이 모여 한 군데로 나가야 정상이다. 정상적인 물의 흐름이 양득1파이다. 이러한 양득일파가 와혈에서 일어난다. 가히 정상이라고 할 수가 있는 혈이다.

따라서 와혈은 양득일파요, 겸혈은 양득양파이며, 유혈은 3득3파이고, 돌혈은 7득7파이다. 득수는 많으면 많을수록 좋다고 하지만 파구는 1군데로 나가야 길하다고 하여 양득1파가 좋다고 하는 데에 비해, 양파는 2군데로 빠져 물길이 정상적으로 나간다고 보지 않기 때문에 올바른 혈이 되지 않는다고 한다. 그렇지만 겸혈은 낙조사의 힘이 전순 역할을 함으로써 물이 2군데로 나가야만 정상이다. 이러한 잘못된 이해는 겸혈에서 만큼은 길한 것이다.

〈표 4〉 해결 방안의 집계표

일련	의문 및 문제점	해결 방안	비고
1	혈명의 이름은 단수일까?	혈 4상의 이름은 복수이다.	
2	혈의 물길은?	와혈은 1개, 겸혈은 2개, 유혈은 3개, 돌혈은 7개이다.	
3	혈은 평탄지에 있는가?	와혈과 겸혈은 경사지에, 유혈과 돌혈은 돌출된 평탄지이다.	
4	선룡이란 무엇인가?	선룡은 입수에서 전순까지 같은 방향으로 진행하는 맥이다.	
5	선룡 선수가 다른가?	선룡 선수는 같은 방향이다.	
6	천장과 심장의 기준은?	와겸의 선익은 천장을, 유돌은 전순이 심장을 결정한다.	
7	천장의 바닥면은?	자연과 같이 와겸은 경사가, 유돌은 평탄해야 된다.	
8	입혈맥의 존재는?	입혈맥이 포함된 6악이다.	
9	혈의 분합은?	분합은 와혈만 된다.	
10	혈의 특징은?	와혈은 현릉, 겸혈은 낙조, 유혈은 무선익, 돌혈은 현침이 있다.	
11	여기는 있는가?	혈은 여기가 존재(제 와혈)	
12	전순의 생성 원리는?	와혈은 선익이, 나머지는 혈을 통해 생성된다.	
13	혈의 가치는?	물길은 와가 1, 겸이 2, 유가 3, 돌 7개이다. 분합은 와는 완전무결, 겸유돌혈은 불가. 여기는 와혈 없고, 겸유돌혈은 여기 있다(없는 것이 춤). 양득양파는 겸혈이, 양득일파는 와혈이, 3득3파는 유혈이, 7득7파는 돌혈이다. 와혈이 가장 춤하다.	

178

14	많은 혈은?	와혈이 대부분	
15	와겸의 구분은?	전순이 선익 안에 있으면 겸혈, 선익을 물고 있으면 와혈	
16	선익의 이름은?	와는 현릉, 겸은 우각, 돌은 현침	
17	종선과 횡선은?	종선은 입수와 전순의 일직선, 횡선은 양 선익을 연결하면 '+'가 혈심	
18	(1) 소돌과 대돌의 구분 (2) 중돌 표현	(1) 초등학교의 종 모양은 소돌, 조선 솥의 모양은 대돌로 판단된다. 이를 산술적으로 풀어 보면 산 지표면의 높이와 산 뿌리인 거리를 D(지표면 전체 길이를 2분의 1로 나눈 길이)/H, 2D(지표면 전체)/H로 보고 산술하면 된다. H가 D보다 크면 학교의 종인 소돌 D가 크면 조선 솥으로 보아 대돌로 판단된다. (2) 중돌은 d와 h의 수치가 비슷하면, 소돌이나 대돌로서 구분이 어렵다. 이 경우는 중돌로 판단한다.	
19	혈상의 최종 정리	와혈은 변와 and 심와, 변와 and 천와, 협와 and 심와, 협와 and 천와,정와 and 심와, 정와 and 천와로 구분된다. 겸혈은 중겸 and 장겸, 중겸 and 단겸, 곡겸 and 장겸, 곡겸 and 단겸으로 구분된다. 유혈은 장유 and 대유, 장유 and 소유, 중유 and 대유, 중유 and 소유, 단유 and 대유, 단유 and 소유로 구분된다. 돌혈은 평돌 and 대돌, 평돌 and 중돌, 평돌 and 소돌, 산돌 and 대돌, 산돌 and 중돌, 산돌 and 소돌로 구분된다.	
20	혈의 가치는?(혈상별 물길은, 분합은, 여기는, 양득양파는)	와혈은 물길이 1개, 겸혈은 2개, 유혈은 3개, 돌혈은 7개 와혈은 분합이 정상적, 겸혈은 하합의 물줄기가 2개로, 유혈은 물줄기가 3개로, 돌혈은 7개로 분합은 불가 와혈의 여기는 없고, 겸유돌혈은 여기로 전순이 생성 와혈은 양득일파, 겸혈은 양득양파, 유혈은 3득 3파, 돌혈은 7득 7파	

VI
/
결
과

혈을 이해한다는 것은 중요하다.

용맥을 알아도, 4신사를 알아도, 물 좌향 형국을 알아도

혈을 모르면 풍수 공부 10년, 20년, 30년, 50년,

아니 100년을 해도 답은 없다.

왜 그럴까를 5장에서 얻은 결론이다.

이 점은 다음과 같은 지혜를 모으면 해결될 것이다.

1. 'j'자 원리

이 원리는 일명 낚시 고리라 한다. 혈이 된다면 낚시 고리 모양이 되어야 한다. 좌선으로 돌거나 우선으로 돌거나 간에 전순이 한쪽으로 90° 이상 틀어 'j'가 되어야 된다. 이러한 형태가 현장을 확인하면 나타난다. 곧, 혈의 전순은 j자의 마무리가 되어야만 혈성이 나타난다는 것이다. 그 혈성이 5악의 혈증이고 혈이다.

2. 멈춤

용맥의 멈춤은 맥선의 멈춤이다. 맥선이 멈춘다고 하는 것은 혈을 생성한다는 증거이다. 멈춤이 없는 맥선은 지나쳐 버리는 과맥이기 때문이다. 이처럼 맥선의 흐름이 멈추려고 하는 것은 결국 앞에서 언급한 전순의 방향 전환이다. 이는 'j'와 같은 형태로의 진행이 멈춤이다.

3. 5다 원칙

혈은 5다 원칙에 따른다. 5다 원칙은 혈장에서 이루어진다. 그것은 돌았다, 들었다, 벌렸다, 붙었다, 떨어졌다 등이다. '돌았다'는 'j'자처럼 혈이 되기 위한 방법으로 한쪽으로 돌아야 한다. 돌지 않으면 맥선은 진행한다. 맥선의 진행은 기의 흐름이 계속 전진함을 암시한다. 맥선의 전진은 과맥이다. 과맥 속에서는 혈이 생성되지 않기 때문에 혈장을 구성하는 전순은 돌아야만 하는 첫번째 조건이 된다. 두 번째로는 '들었다'이다. 들었다는 입수를 의미한다. 입수는 들어 주어야 벌려서 그다음의 동작이 된다. 이것이 입수에서 말하는 '들었다'의 조건이다. 세 번째는 '벌렸다'이다. 입수에서 들면 좌우로 선익이 나가게 되는 소분맥이 된다. 소분맥은 벌려지는 형태가 되어야 한다. 네 번째로는 '붙었다'이다. 선익이 돌아가야만 혈이 되는데, 이때 선익의 좌우측의 형태가 둔덕처럼 붙어 있어야만 돌아간다. 이것이 붙어 있는 모습의 '붙었다'이다. 마지막은 '떨어졌다'이다. 떨어짐은 좌우측의 선익이 지표면과는 차이가 있어야 하는데 이 부분이다. 지표면과 선익은 높낮이에서 차이를 보인다. 이것을 두고 떨어짐이 있다고 한다. 5다 원칙은 혈이 생성되는 요소들이다.

4. 혈의 존재

혈은 있다. 고려시대를 지나 조선시대의 풍수는 4신사의 연구였다. 지금도 관산 시 현장 설명은 4신사이다. 이는 2가지로 증명된다. 4신사는 일단 이해하기가 편하다. 양자 간에 4신사로 하면 비교적 쉽게 가르치고 이해한다. 이러한 이유로 선진자들의 풍수 공부는 4신사로 한 듯하다. 그다음은 풍수의 이해이다. 혹자는 장풍과 득수의 준말이라고 하는 내용상의 오해이다. 장풍은

4신사로 득수는 물이다. 풍수 공부 한답시고 한 것이 4신사와 물 공부를 한 것이다. 풍수지리는 용, 혈, 사, 수 4요소나 향을 더하여 5요소로 구분하는데 혈은 온데간데없다. 지금도 풍수 설명은 그렇다. 앞으로도 이렇게 진행되리라 예상한다. 이는 풍수 공부를 쉽게 하는 방법이다.

혈 공부는 평생 동안 없었으며 난데없다. 아니, 하지를 아니했다. 그것은 2가지로 짐작된다. 한 가지는 선생의 무지인 듯하다. 가르치는 사람이 선익을 모르면서 강의를 하거나 현장을 4신사로 대신해서 설명하거나 혹은 미시적인 혈을 이해하지 못하면서 거시적인 방법으로 가르친 듯하다. 또 다른 것은 고의로 혈을 알면서 가르쳐 주지 아니한 듯하다. 혼자만 알고 있는 것이 큰 재산인 양 후학들에게는 함구한 듯하다. 이러한 것이 아니면 지금쯤 자연 산천에는 혈이 없어야 제대로 된 설명이 합당한 답이 되는 것이다. 자연이 제한적으로 되어 있기 때문에 그 오랜 시간 동안(고려 조선을 지나 지금까지) 혈을 찾았다면 없어야 함이 지당한 말씀이다. 그런데 지금도 현장에 임하면 기존 묘지들 주변에 혈이 비어 있는 것이 발견되며 생지의 혈증도 발견된다. 따라서 올바른 혈 연구는 풍수지리의 핵심이다. 또한 이러한 방법의 연구는 쉽게 혈을 찾을 수 있다는 희망적인 사항이 될 것으로 기대된다.

5. 혈은 혈증으로 말해야

고전이나 현재의 풍수 서책을 보아도 쉽게 이해되지 않는다. 글보다는 그림이 도움 될 것 같아 고전을 보고 또 보아도 이해가 어려웠다. 현대의 서책을 놓고 보아도 이해가 쉽지 않았다. 풍수를 단순하게 생각한다는 마음으로 풍수 중에 중요도는 단연 혈이다. 필자는 혈은 혈증이 있어야 한다는 믿음으로 책을 펼치곤 했다. 이 책 저 책을 읽고 현장을 다니면서 경험한바 아주 단순한 이론이다. 혈은 혈증으로 말해야 한다는 것을 알았다. 비꼬아 보면 4신사가 좋은들 혈증이 없으면 혈이 되는가? 물이 좋으면 혈이 되는가? 풍수인 풍의 4신사와 수인 득수가 좋으면 혈이 되는가? 아니올시다. 이러한 이유로 풍수 연구를 다시 하여야 한다는 신념으로 했다.

6. 풍수는 답이 아닌 혈이 답이다

혈은 풍수지리가 아니다. 풍수의 5요소는 용·혈·사·수·향이라 칭한다. 설명을 돕고자 용은 간룡이라 하며, 혈은 정혈, 사는 장풍, 수는 득수로, 향은 좌향으로 세분한다. 장풍과 득수에서 풍수를 찾을 수 있다. 풍수지리의 원대하면서도 지대한 목적은 혈이다, 즉, 정혈이다. 풍수라는 제목에서 혈에 대한 의미는 어느 곳을 찾아보아도 없다. 지금까지의 풍수 연구는 4신사와 득수의 공부였다. 이 부분에 대해 할 말이 없고 그나마 다행이라 생각한다. 4신사와 물 공부를 했기 때문에 지금 현장에 가면 혈이 있다, 혈증으로 찾으면 혈이 있다는 것을 알 수 있어 크나큰 행운이라 생각한다. 이 점이 이 책을 쓰게 된 가장 큰 목적이고 동기이다.

고려와 조선시대를 지나오면서도 혈을 찾아다녔지만, 물론 지금도 혈을 찾고 있다. 그때부터 혈을 찾아다녔으면 지금쯤은 혈이 없어야 하지 않을까? 이 시간을 분석해 보면 풍수 공부를 했지, 정혈 공부는 하지 않았다.

따라서 풍수 고전을 통해 혈에 대한 그림 공부부터 하고자 했다. 쉽게 하는 공부가 되어야 할 것 같은 욕심에서 또는 바로 된 혈을 찾기 위해서라도 글로 표현을 할 것 같아서 접근한 이론이다.

7. 쉽게 접근하기

풍수 혈의 접근 방식은 글도 아니고 말도 아니다. 책을 읽어도 이해가 어렵다. 그래도 쉽게 접근하기 위한 방법이 고전의 혈 4상과 현대의 혈증 5악에 대한 그림 공부다. 선각자들이나 학술자들의 글과 말은 어렵다. 이에 비해 그래도 쉽게 접근해 볼 수 있는 것은 그림이다. 이는 그림을 보고 현장과 연결시켜 보는 것이다. 이에 따른 결론은 풍수 5요소인 용, 혈, 사, 수, 향 중에서도 혈에 대한 그림만 집중 연구하여 분석한 것이다.

8. 현미경 탐사

혈을 쉽게 발견하는 방법은 원칠근삼(遠七近三)이라 하여, 멀리 보는 것을 7할로 하고 가까이 보는 것을 3할로 하는 풍수적인 어휘가 있다. 그러나 풍수는 원거리의 논리보단 근거리의 현미경적인 탐사 방법이 현명하다. 멀리서 용을 보고 접근하는 방법으로는 정확성이 떨어지는 것이 정설이다. 비교적 작은 면적인 혈장을 발견한다는 것은 근거리를 두고 하는 말이다. 현미경으로 미생물을 찾아내어 그에 맞게 답을 찾아내는 방법론이 현미경 탐사 방법이다. 혈도 같은 방법으로 찾아야만 정확한 혈을 발견하기가 쉽다. 이렇게 하려면 미시적인 방법으로 작은 면적을 집중적으로 관찰하여 혈증을 찾아야만 혈 공부는 가능하다. 이러한 의미로 글로 쓴 내용보다는 그림으로 된 혈상을 선호하는 것이다. 따라서 풍수 고전인 인자수지 등에 있는 그림이 4신인지 5악인지에 대해 연구를 하여야 될 것으로 판단했다. 더불어 혈상의 특징, 여기의 흐름, 맥의 선룡, 물 빠짐의 정도, 와혈과 겸혈의 구별, 경사지의 흐름 등 방법론에 대해 의문이 생기는 이유이다.

9. 작은 것이 중요

우리나라 사람은 빨리 또는 큰 것을 선호하는 버릇이 있다. 건물을 지어도, 다리 공사를 하여도, 공부를 하여도, 성공을 하여도 빨리 하거나 크게 지어야 직성이 풀린다. 하물며 동양 철학인 풍수지리도 혈을 쉽게 찾으려고 하면서, '빨리'와 '크게'를 외치는 이유이다. 그 답은 빨리도 아니고 크게도 아닌 정반대인 '천천히'와 '작게' 해야 한다. 특히 큰 것이 아닌 작은 것이다. 이는 앞에서도 언급하였지만 작게 보고 크게 생각하는 것이다.

풍수지리를 연구하거나 관산을 가면서도 작은 것이 아닌 규모가 큰 4신사 위주로, 그것도 빨리 보곤 한다. 풍수지리 혈은 규모가 큰 것이 아니라, 아주 작은 것이다. 크게 보는 4신사는 ha[57] 단위로 보는 것이 일반적이다. 그러나 작게 보는 혈의 5악은 10평 내외이다. 혈의 조직은 입수와 전순 그리고 양 선익이며 코다. 우리 얼굴과 같은 이마와 턱 그리고 양 광대뼈와 코는 혈과 유사하다. 혈의 크기는 가로 5m와 세로 7m 정도가 혈장이다. 이를 보고 판단하는 것이 풍수지리 5요소 중에서 혈인 것이다. 따라서 혈을 공부하는 경우에는 4신사가 아닌 규모가 작은 혈을 공부해야 하는 것이다.

10. 4신사에서 벗어나 5악을 찾아야 한다

9항에서도 언급된 바와 같이 혈은 풍의 장풍과 수의 득수가 아니다. 더군다나 용맥이나 4신사가 아닌 가장 작게 보는 5악에 입혈맥을 보탠 6악으로서 규모를 작게 해서 보아야만 혈이 이해된다. 그렇지 아니하면 오랜 세월 풍수 공

---

57   1ha는 '가로 100m × 세로 100m'의 넓이로 면적에 관한 구적의 계량치이다.

부나 짧은 시간의 풍수 공부는 나무아미타불 도루묵 신세로 풍수의 끝이 보이지 않는다. 풍수 연구 1년, 5년, 10년, 20년, 50년, 아니 100년을 공부한들 혈은 멀리 가 허사가 될 것이다.

11. 혈 4상 - 혈증 5악에 의한 혈 4상 - 발전된 혈증 6악에 의한 4상

혈은 풍수 고전의 4상에서 출발하여 시간이 흐르면서 혈증 5악에 의한 4상으로 더 진행되어 입혈맥이 추가된 혈증 6악으로 세분되어 발전됐다. 오랜 세월과 풍수를 보는 노력이 발전함에 따라 입혈맥이 추가된 6악이 입증됐다. 이러한 입혈맥은 우리 얼굴의 콧등과도 같다. 이마에서 내려간 코는 콧부리의 콧등이 없으면 코로 연결이 불가능하다. 이러한 부분이 풍수에서는 분합의 상분에 해당하는 물을 갈라 준다는 엄청난 사실을 발견한 것이다. 물의 구분이 없다면 분합의 상분은 의미가 없는 것과 같다.

4상은 중국의 풍수 고전에서 말했다.

4상별 5악은 우리나라의 풍수지리로서 현대적으로 발전된 이론이다.

4상별 6악은 필자가 이번 과정에서 발견한 새로운 이론이다. 1악인 입혈맥은 물 분합의 원리에서 나타난다. 물은 풍수에서 상분이 필요하다. 물의 분합은 어느 특정한 지형지물이 없었다면 상분이 불가능하다. 이는 주역에서 말한 수류습의 논리와도 유사하다. 물은 삼투압의 원리가 있어 물끼리 만나는 현상이다. 이를 갈라 주기 위해서는 가로막이 있어야 하는데 이가 입혈맥이다. 동물이 눈물을 흘리면 콧등에서 물이 갈라진다. 이 역할이 바로 풍수에서 의미하는 입혈맥이다. 입혈맥이 물을 갈라 주므로 입혈이 없으면 상분이 불가능하기 때문이다. 이러한 입혈맥을 1악이라 하여 6악이 된다. 현장에서는 5악보다는 한발 더 발전된 6악을 찾아야 혈의 분석이나 장법 혹은 보다 나은 판단이 되므로 그 중요성이 입혈맥에 있다.

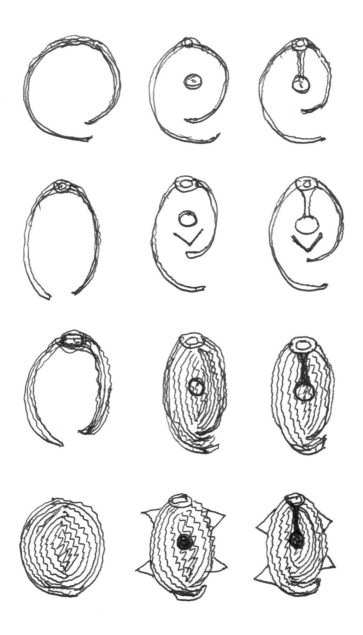

【 〈그림 90〉 혈 4상, 5악, 6악의 그림 】

190

12. 兩得兩派의 오해

양득양파(兩得兩派)의 兩은 2개를 의미하는 짝의 개념이며, 得은 물을 얻는 것이요, 派는 물이 나가는 것을 의미한다. 득수는 많은 것이 길하고 파구는 한곳으로 나가야 길하다. '이 말이 진리일까? 진리가 아닐까?' 하는 의구심이 생긴다. 지금까지 임의로 양득양파는 혈이 되지 않는다고 했다. 일반적으로 이 풍수논리가 대세였다. 그러나 이 말은 혈을 이해하면 잘못 표현되고, 잘못 해석됨이 드러난다. 겸혈은 낙조사가 없으면 혈이 아니다. 다시 말해, 낙조사가 없는 겸은 혈이 아닌 것이다. 양다리에서 혹은 양 젓가락 속에서 득수해 나온 물은 어떻게 어디로 흘러가는가? 혈의 밑으로 나가는 물이 이 물이다. 흡사 4성의 의미로 이용되는 금성의 북진이나 화표, 나성 등의 개천이나 세류에서의 물을 갈라 주고 더디게 흐르게 하는 목적과도 같은 것이 낙조이다. 낙조사는 물을 떠나서는 의미가 퇴색된다. 따라서 양득양파는 겸혈에서는 필수 조건이다.

유혈은 3군데의 물이 얻어지는 것이며 물길은 3군데로 나가는 것으로 3파이다. 돌혈은 7득7파로 이해된다.

와혈은 양득1파다. 와혈의 혈은 여기가 없고, 분합의 하합이 정상적으로 이루어지며, 물길이 한군데로 빠져나간다.

그러므로 와혈은 양득1파요, 겸혈은 양득양파요, 유혈은 3득3파요, 돌혈은 7득7파로 혈상마다 모두 다른 것이 특징이다.

13. 선룡(旋龍) 선수(旋水)의 오해

선룡은 용이 돌면서 진행하는 힘이다. 맥선의 흐름이 왼쪽에 의한 것인지 오른쪽에 의한 힘인지에 대한 용맥선의 돌아가는 힘을 의미한다. 선룡은 왼쪽의 힘으로 돌면 좌선룡이라 칭하고 오른쪽의 힘으로 돌면 우선룡이라 한다.

혈에서는 선익의 크기에 따라 한쪽 선익을 안고 돌면 안은 선익을 선룡에 붙여서 부른다. 이는 편맥의 흐름이다. 혈의 입수로부터 시작된 맥선이 한쪽의 힘으로 계속 돌아 전순까지 같은 방향으로 흐르는 맥선을 선룡이라고 보는 것이다. 좌선룡은 입수 좌선익을 통해 전순까지 왼쪽의 편맥으로 돌면 좌선이라 한다. 이에 비해 우선룡은 오른쪽의 편맥으로 돈 경우를 우선이라 한다.

물의 흐름은 선익의 크기에 따라간다. 우선용은 우선익이 크며 물은 오른쪽의 물살 힘이 왼쪽 물살의 힘보다 크다. 즉, 선룡이 우선룡이면 우선수이고 좌선룡이면 좌선수이다.

풍수 고전에 따르면 좌선룡에 대한 선수는 우선수가 되어야 길격으로 표현했다. 이에 비해 우선룡은 좌선수가 길격으로 칭했는데 현장을 떠난 고전이나 서책에서의 단순한 논리이다. 실제로 현장에서는 선룡에 따라 선수도 결정된다. 선룡이 우선이면 선수도 우선이며 선룡이 좌선이면 선수도 좌선이다. 현장에서의 이러한 판단은 풍수 고전을 반박한다. 실제로 현실은 산은 물을 따라가고, 물은 산을 따라가는 이치와도 같다.

이에 따라 선룡선수의 논리는 정반대로의 개념이 아니라 같은 방향으로 돌아야 적격이므로 이에 대해 바로잡아야 한다. 이는 진리이다.

14. 풍수가 상위 개념일까? 용혈사수향은 하위 개념일까?

풍수는 상위 개념으로, 용혈사수향은 하위 개념으로 이해한다. 이게 실제로 맞는 말이 될까? 풍수 현장이나 강의실에서는 통상 이렇게 이해하고 있다. 그러나 풍수는 어디에서 출발했을까? 풍은 장풍에서 찾을 수 있고, 수는 득수에서 찾을 수 있다. 장풍의 풍이 풍수의 '풍'이며 득수의 '수'가 풍수의 수이다. 용은 어떤가? 간룡에서 나왔다. 간룡의 '용'이 용이다. 혈은 정혈에서 나온 '혈'이다. 향은 좌향의 '향'에서 나온 것이다. 실제로 풍수는 4신사와 득수이다. 이는 사와 수를 의미한다. 그렇다면 풍수에서 찾는 핵심은 어디일까? 혹자는 용이라고, 청룡 백호의 4신사라고, 물이라고, 패철을 이용하는 이기법의 주장자는 좌향이라고도 한다.

그렇다면 풍수가 상위 개념이 맞을까? 아니다. 그럼 용혈사수향이 하위 개념일까? 아니다. 그럼 상위 개념은 없을까? 반하여 하위 개념은 없을까? 상위 개념이든 하위 개념이든 내용 중에 개념이 있다.

답은 혈이다. 풍수를 공부하고 연구하는 목적은 혈을 찾고자 하는 의도이다. 혈을 떠난 공부는 의미가 없다. 양택이든 양기이든 혈을 모르고 하는 연구나 공부는 말짱 도루묵이다. 풍수의 핵심은 혈이다. 이런 이유라면 혈은 상위로 나머지는 하위로 가야 한다. 풍수지리는 혈 아래 존재한다. 혈은 필요조건이지만 나머지는 충분조건이다. 그러므로 풍수지리 공부는 혈을 찾는 공부인 것이다. 따라서 혈은 상위 개념이고 나머지는 하위개념이 된다.

15. 혈상의 최종적 이름 정립

(1) 와혈

와혈은 좌우 선익이 넓은 활와, 선익이 좁은 협와, 선익이 깊은 심와, 얕은 천와가 고전에서 말하는 혈상이다. 우리나라에는 활와가 없다. 그 대신에 한쪽의 선익이 길게 나간 변와가 있다. 따라서 변와와 협와, 심와와 천와가 있다. 또한 전후좌우가 고른 정와가 있다. 이에 대해서는 앞에서도 언급했으니 참고하기 바란다.

이에 따라 혈 4상의 최종 결론은 정와와 협와 그리고 변와와 그에 따른 깊이
인 심와와 천와의 6종류가 있다.

❖ 와혈에는 정와, 협와, 변와에 천와와 심와의 6가지가 있다. 정와는 종선과 횡
  선의 비가 1:1.5 이내, 협와는 1:1.5 이상이며, 변와는 와혈을 만든 다음 방
  맥으로 'j'자로 마무리를 한 것이다. 이에 대해서는 선익이 미미하면 천와, 분
  명하면 심와로 구분한다. 따라서 와혈은 정와와 천와 정와와 심와, 협와와 천
  와 협와와 심와, 변와와 천와 변와와 심와로 구분된다.

(2) 겸혈

겸혈에는 좌우 선익이 일직선인 직겸과 선익이 굽은 곡겸, 길이가 긴 장겸
과 길이가 짧은 단겸이 있다. 풍수 고전에는 있지만 우리나라에는 없는 것이
직겸이다. 이에 반해 중겸이 있다.

따라서 최종 결론은 장겸이면서 직겸인지 장겸이면서 곡겸인지의 구분과,
중겸이면서 직겸인지 중겸이면서 곡겸인지, 단겸이면서 직겸 단겸이면서 곡
겸의 6종류로 나누는 것이 합당하다.

❖ 겸혈에는 장겸, 중겸, 단겸으로, 형태는 직겸과 곡겸으로 구분된다. 장겸은
  혈폭과 길이의 비가 1:2.0 이상, 중겸은 1:1.5 이상에서 2.0 이내, 단겸은
  1:1.5 이내이다. 직겸은 낙조의 윗부분 선익이 어느 하나라도 직선이면 곧은
  겸이 되며, 곡겸은 둥근 형태로 된 선익이어야 된다.

(3) 유혈

유혈은 장유와 단유, 대유와 소유로 나누어지며 혈의 길이나 폭이 비슷한
중유가 있다. 따라서 장유에 대유와 소유가 있고, 중유에 대유와 소유가 있으
며, 단유에 대유와 소유의 6종류가 있다.

❖ 유혈에는 장유와 중유 단유로, 그 크기에 따라 대유와 소유로 구분된다. 장유

는 혈의 폭:몸체 길이가 1:2 이상이며, 중유는 1:2 미만이며, 단유는 1:1.5 미만으로, 요성이 있으면 대유로, 요성이 없으면 소유로 판단했다.

(4) 돌혈

돌혈에는 대돌과 소돌, 평돌과 산돌이 있다. 대돌과 소돌의 중간에 중돌이 있다. 그러므로 평돌에 대돌·중돌·소돌, 산돌에 대돌·중돌·소돌의 6종류로 구분된다.

❖ 돌혈에는 대돌 중돌 소돌로, 위치에 따라 평돌과 산돌로 구분했다. 현침이 4각에 타탕으로 붙어 있으면 대돌로, 현침이 타탕과 파조로 되어 있으면 중돌로, 현침이 파조로 되어 있으면 소돌로 했다.

이상과 같은 결론은 보다 많은 독서와 그림 공부다. 독서량은 아는 것에 만족하는 것이 아니라 지혜를 전해 주는 역할을 한다. 풍수인들은 자만에 빠지지 말고 기회나 시간의 여유가 있을 때 풍수 책도 좋지만 동양 철학에 관한 책이나 논문을 읽어 지혜로운 삶이 되도록 했으면 하는 마음 간절하다. 다음은 혈상의 개념에 대한 내용이다.

선익의 모양에서 와혈은 미미, 겸혈은 크고 분명하며, 유혈은 선익이 없고, 돌혈은 현침이 있다.

전순의 위치에서 와혈은 선익 밖에, 겸혈은 선익 안에, 유혈은 전면에, 돌혈은 선익이 밖에 위치한다.

전순이 붙는 방법은 와혈·겸혈·유혈은 둔덕처럼 수평으로 붙으며, 돌혈은 현침이 바늘을 들고 있는 것처럼 수직으로 붙어 있다.

혈 4상의 특징에서 와혈은 현릉이, 겸혈은 낙조가, 유혈은 통통하며, 돌혈은 현침이 있다.

와혈의 여기는 없다. 겸혈·유혈·돌혈은 여기 있다.

와혈의 분합은 정상적, 겸혈·유혈·돌혈은 하합이 되지 않는다.

와혈과 겸혈의 설기는 없다. 이에 비해 유혈은 많다. 돌혈은 너무 많다.

역량은 와혈이 가장 좋은 원길이며 겸혈이 대길하며 유혈과 돌혈은 길하다. 와혈의 물길은 1개요, 겸혈은 2개요, 유혈은 3개요, 돌혈은 7개이다.

득과 파는 와혈이 양득일파, 겸혈은 양득양파, 유혈은 3득3파, 돌혈은 7득 7파이다.

혈 4상의 이름은 와겸유돌 모두 복수이다.

모양에서 와혈은 닭 둥지, 겸혈은 젓가락, 유혈은 젖가슴, 돌혈은 종 혹은 솥이다.

주먹의 모양을 흉내 내면 와혈은 손바닥, 겸혈은 엄지와 검지, 유혈은 손 등, 돌혈은 주먹을 쥔 형태이다.

와혈과 겸혈의 경사는 완경사, 유혈은 완만한 정상, 돌혈은 급경사의 정상 이다.

재혈 바닥 경사는 와혈과 겸혈은 전순이 낮게, 유혈과 돌혈은 수평되게 해 야 된다.

와혈과 겸혈의 재혈 깊이는 1.2m 내외, 유혈은 1.5m 내외, 돌혈은 1.5-2.0m 내외가 적당하다. 이는 와겸은 얕게, 유돌은 깊게 재혈하는 차이다. 이 러한 재혈 기준은 와혈과 겸혈은 선익으로, 유혈과 돌혈은 전순으로 하기 때 문이다. 천장은 와혈과 겸혈에서, 심장은 유혈과 돌혈에서 이루어진다.

선룡 선수는 4상혈 모두 같은 방향이다. 선룡이 우선이면 선수도 우선이다.

혈심은 와겸은 안정적이고, 유돌은 불안하다.

혈의 음양은 와혈과 겸혈은 양에서, 유혈과 돌혈은 음에서 찾는다.

주 분포 지역은 와겸유혈은 산지에서, 돌혈은 평지에서 많이 분포한다.

혈의 설기는 좋은 듯, 좋지 않듯 양자 간의 대결 구도이기도 하다. 이러한 이해는 상당히 어렵기 때문이다. 이에 대해서는 2가지로 분석하고자 한다.

먼저 와혈은 ① 설기가 없다는 것이고, ② 이는 완전무결하다는 것이다. 겸혈은 ① 설기가 있고, ② 설기가 있어야 된다는 논리이다. 유혈은 겸혈과 마찬가지로 ① 설기가 있고, ② 설기가 있어야 길하다는 논리이다. 돌혈은 ① 설기가 있어야 하고, ② 설기가 있어야 길하다는 논리이다.

이상의 논리는 물론 너무 비약적이거나 치우치는 경향이 있는 것 같지만 나름의 여지는 남는다. 그러나 와혈의 경우에 설기가 없다는 말은 혈이 완벽하다는 의미이다. 와혈의 형상에서 혈 다음은 물이다, 즉, 하합되는 곳으로 전순의 윗부분이 물이기 때문에 용맥은 물을 건너 지나올 수가 없다는 계수즉지(界水則止)의 원리이다. 계수즉지는 용이 물을 건너지 못하기에 용맥이 멈추어야 되는 원리로, 용맥이 멈추면 혈이 된다는 의미로 이해하면 될 것이다. 따라서 와혈은 설기가 없는 완전무결의 혈이란 의미이며 겸혈과 유혈, 돌혈은 설기가 있고 그에 따른 설기는 힘이 넘치기 때문에 설기가 있어야 한다는 논리이다. 다만 그 넘침이 지나치면 효과가 떨어진다는 것은 당연지사이다. 그러므로 여러 가지 정황으로 볼 때 완전무결한 혈은 와혈인 것이다.

혈의 안정감은 와혈과 겸혈은 혈의 전면에 전순이 있다. 이 전순이 혈을 보호하기 때문에 혈의 상위인 입수에서는 힘을 혈로 보내면 그 힘을 받은 혈은 전순이 있어 보호를 받는다. 물론 와혈과 겸혈은 차이가 있다. 와혈은 전순이 하나의 선익을 통해 연결되지만, 겸혈은 혈의 여기로 만들어진 것이 낙조이며 전순이다. 타의에 의해 만들어진 전순과 자기의 몸체에서 이루어진 여기로 만들어진 전순은 차이가 있다. 그러나 이 두 혈은 종선의 개념을 놓고 보면 입수 혈 그다음이 전순으로 혈이 상하좌우에서 보호된다. 따라서 와혈은 완만한 경사지에서, 겸혈은 와혈보단 급한 경사지에서 혈이 생성된다.

이에 비해 유돌은 혈의 순서가 특이하다. 입수는 낮은 곳에, 혈은 높은 곳에, 전순은 반대편 낮은 곳에 위치한다. 혈이 최정상 부위이다. 가장 높은 곳에 위치한 것이 혈이므로 안정감은 불안하고 위태로운 상태이다. 그러므로 입수와 전순이 혈을 보호하기란 쉽지 않다. 물론 유혈은 완만한 정상부에 위치하지만 돌혈은 급한 정상 부위에 위치해 있어 안정감이 많이 떨어진다. 위와 같은 논리로 혈 4상의 분석 내용은 〈표 5〉와 같다.

【 〈표 5〉 혈 4상의 분석 】

구분	와혈	겸혈	유혈	돌혈
종류	6	6	6	6
선익	미미	크고 분명	无	현침
전순(안/밖)	선익 밖	선익 안	전면	선익 밖
수평/수직	수평	수평	수평	수직
특징	현릉	낙조	통통	현침
분포비율	대부분	일부	극히 일부	일부
물길(去)	1	2	3	7
여기	無	有	有	有
분합	정상	비정상	비정상	비정상
혈 설기	없다	있다	많다	가장 많다
역량	원길 〉	대길 〉	길 〉	길
득	양득	양득	3득	7득
파	일파	양파	3파	7파
이름	복수	복수	복수	복수
형태	닭 둥지	젓가락	젖가슴	종 or 솥
주먹	손바닥	엄지와 검지	오므린 손등	주먹 쥔 손등
경사	완경사	완경사	완만한 정상	급한 정상
재혈 바닥 경사	전순 저	전순 저	수평	수평
재혈 깊이	1.2m	1.2m	1.5m	1.5-2.0m
재혈 기준	선익	선익	전순	전순
선룡/선수	同行	同行	同行	同行
혈심	가장 안정	안정	불안	가장 불안
천장/심장	천장	천장	심장	심장
혈 음양	양	양	음	음
주 분포 지역	산	산	산	평야
혈 상태	정상	설기로 미흡	설기로 미흡	설기로 미흡
안정감	매우 좋다	좋다	좋지 않다	아주 좋지 않다

VII
/
결론

풍수인은 사고를 바꾸어야 한다.

큰 규모로 보는 4신사에서 작게 보는 6악으로 보는 것이

얼마나 중요한지를 알게 될 것이다.

4신사 타령, 크게 하는 공부는 의미가 없다.

오직 '혈' 하나만 연구하는 풍수 공부가 어느 것보다 필요하고

이러한 연구가 지혜를 가진 정혈의 연구이다.

1. 사고 전환

서론과 결과에서 언급된 내용이지만 올바른 풍수인은 사고를 바꾸어야 한다. 큰 규모로 보는 4신사에서 작게 보는 6악으로 보는 것이 얼마나 중요한 것인지를 알게 될 것이다. 거대함에서 작게 하는 것으로, 거창함에서 미약하게, 대단한 것에서 대단하지 않은 것으로, 큰 집보다는 작은 집으로, 돌(石)로 치장된 묘지에서 자연적인 형태의 흙무더기로, 복잡한 것에서 단순한 것으로, 또한 지식에서 지혜로, 빨리에서 천천히 선택하는 것이 무엇보다 필요하다. 이는 유명배우가 아닌 무명배우가 주연배우 되는 것과 같다. 풍수지리는 5요소라 하여 용, 혈, 사, 수, 향에서 '혈' 하나만 설명되는 것으로, 해석하는 방법은 풍수상 어느 것 못지않게 중요하다 하겠다.

관산이나 강의실에서 풍수를 가르칠 때 5요소를 설명하자니 많은 시간과 재정이 들어간다. 할 때에는 뭔가를 한 것 같은데 하고 나면 남는 것이 없다고 하는 것이 대부분이다. 머리에 각인된 것이 없다. 5요소 중 하나만 하면 간단하면서도 복잡성이 떨어져 이해가 빠를 것이다. 풍수 공부 10년, 20년, 30년, 아니 100년이 가도 혈은 요원하다. 특히 선익 하나만 제대로 볼 수 있는 공부가 되어야 한다는 것이다. 이러한 것이 얼마나 중요한지를 이해해야만 풍수 혈 공부는 완성된다. 4신사 타령, 크게 많이 하는 공부, 욕심 많게 용부터 향까지 전수 다하는 공부는 의미가 없다. 아니, 되지 못한다. 오직 '혈' 하나만 연구하는 풍수 공부가 어느 것보다 필요하고 이러한 연구가 지혜를 가진 정혈의 연구 개념이다.

따라서 올바른 풍수 혈 공부는 풍수 관산에서 정혈 관산으로, 풍수지리학 석사·박사에서 정혈학 석사·박사로, 풍수 강의에서 정혈 강의로, 풍수 연구에서 정혈 연구로, 풍수 논문에서 정혈 논문으로, 풍수지리학 강사·교수에서 정혈 강사·교수로, 풍수 교과목에서 정혈 교과목으로, 풍수지리학 연구소에서 정혈학 연구소로, 4신사의 장풍에서 5악 아니 6악의 혈증으로 생각하는 명칭을 변경하여 사용하여야 할 것이다.

2. 풍수 지혜

풍수 혈은 지식을 습득하고 지혜롭게 해결하는 것이다. 안다고 하여 해결되는 것이 아니고 알고 나서 어떤 문제를 풀거나 해석할 때 긍정적인 해결책이 지혜인 것이다. 푸는 문제나 방법이 같아서는 곤란하다. 천편일률적으로 자연 과학을 풀면 현장에서는 해결 가능성이 떨어진다. 이를 해결하기 위한 방법이 지혜이다. 적절하게 이루어진 풍수 지혜는 100%에 가깝게 도달할 수 있는 것이다. 안다고 하여 해결되는 것이 아니라 알고 있는 지식을 적절하고 현명하게 처리하는 지혜를 활용할 수만 있다면 응용은 가능하기 때문이다.

3. 호리지차(毫釐之差)

풍수는 호리지차가 아니라 혈이 호리지차다. 혈자리에서의 재혈은 그만큼 '중요하다'는 것이기 때문에 1%의 범주 외적인 실수도 허용해서는 안 된다는 것이 정답이다. 크지 않은 실수로 인해 종국에는 엄청난 실수가 따른다는 결과가 풍수의 재혈론이며 호리지차이다. 재혈은 혈 찾기보다 더 중요시하는 이유가 여기에 있다. 혈자리를 찾는 것도 중요하지만 재혈을 놓쳐서는 아니 되는 이유가 호리지차이다. 혈이 되는 곳이라도 재혈 시 호리지차가 되면 무혈지가 되는 원리와 같다. 그러므로 혈자리를 찾는 만큼 재혈의 방법도 한 치의 오차도 허용해서는 곤란하다. 이것이 풍수(혈)이다. 이와 더불어 호리지차가 풍수 이법과는 거리가 있기에 천지현격이라 한다.

정음정양법에서 양좌는 양득양파로, 음좌는 음득음파로 사용하는 것과 호리지차는 거리가 있다.

88향법은 물의 흐름에 의거 좌선수와 우선수에 따라 좌향이 결정되므로 호리지차의 의미와는 차이가 있다.

형공이론은 시간을 우선으로 하는 이기법으로서 호리지차 개념과는 상당한 차이가 따른다.

의룡입향법인 배합룡은 불배합과 상충되고 좌향이 임자·계측 등 2자로 좌향을 정하는 것으로, 일반 풍수와도 다르지만 호리지차의 원리와는 거리가 있다.

포태법 이론은 물의 원리를 활용하는 것으로 호리지차의 의미와는 원리나 개념에서 차이가 크다.

일반 수법은 호리지차와는 차이가 나는데 수법은 물에 의해, 호리지차는 혈의 원리로 상호 편중되어 이해가 상충된다.

이러한 여러 가지 기타 이론과도 호리지차의 의미는 같지 않다. 그러므로 호리지차는 지표면을 보고 혈의 여부를 판단해서 종선과 횡선의 중앙인 '+' 자리인 그곳이 혈심의 중앙이 되며, 시신이 중심에 들어간다. 이러한 이해로 볼 때 이기론과 일부분의 형기적인 이론은 호리지차의 개념과는 거리가 멀고 크다는 이론이다.

4. 적선과 적덕

혈의 결론은 적선지가(積善之家), 필유여경(必有餘慶), 불적선지가(不積善之家), 필유여앙(必有餘殃)이다. 풍수 공부의 최종 목적은 혈을 찾는 것에 앞서 적선과 적덕을 하여 행복을 누리는 것이다. 선을 쌓는 착한 사람에게는 축복이, 그러하지 않은 사람에게는 재앙이 기다린다는 의미이다. 참으로 풍수 공부하는 사람에게는 마음에 와 닿는 필요한 어휘이며, 덕을 쌓는 적덕지가 또한 같은 의미이다. 덕은 소문이 나지 않는 음덕이 되어야 한다. 성금이나 불우 이웃에게 적선을 했다고 자랑하는 소문성 적덕은 음덕이 아닌 양덕이다. 덕을 쌓더라도 소문 없이 하는 아름다움이 있어야 음덕이 되는 것이다. 혈을 찾는 사람들에게는 명심해야 하는 글귀로서 깊이 있는 마음의 성찰이 있어야 할 것이다.

세상이 공평하고 화목하게 되고자 한다면 남에게 배려를 하는 사람이 되어야 행복이 찾아온다. 건행(건강+행복)은 상호 싸움이나 하고 비난하면 잘될 리가 없을 것이다. 이러한 집단 속에서는 같이 있는 한 괴롭다. 직장에서나 사회생활 속에 인간미 넘치는 생활이 바탕이 될 때, 그 사회는 생기가 넘칠 것이다. 그러하지 아니한 사회생활 속에서는 만나는 것조차도 힘이 들어 생활하는 데 문제가 따른다.

따라서 긍정의 힘은 긍정으로 될 것이며, 부정의 힘은 부정으로 진행될 것이다. 이는 긍정의 힘이 부정의 힘을 이기는 사회가 되도록 할 것이다. 우리 모두는 긍정적인 순리의 노력을 하여야 내가 잘되고, 내가 잘되면 내가 사는 동네가, 광역시도가 잘되면 국가도 잘될 것이다.

5. 의식주와 건강과 행복

인간의 24시 활동은 의식주(衣食住)이다. 의는 자고 일어나 용무를 보기 위한 8시간의 시작인 출근 때 옷을 입는 것이다. 이때의 옷은 폼을 재거나, 값비싼 옷, 컬러 옷을 입거나, 나일론 옷, 치장을 하거나 하는 현대적인 의미의 옷이 아니라 사람 몸에 맞는 옷이라야 건강에 이롭다. 건강하게 입고자 하는 옷은 땀을 흡수하고 아토피 등 피부 질환이 없는 옷이 건강한 천이 된다. 옷의 근본은 우리 재래종인 무명이나 삼베 등의 옷이다. 이러한 옷은 우리 몸에 부작용이 거의 없으며 건강 또한 좋다.

그다음은 먹는 것이며 휴식하는 것이 8시간의 시간 분배이다. 내가 살고 있는 주변에서의 먹을거리는 우리의 건강을 다스린다. 잘 먹으면 생활도 잘한다. 서구적인 음식이나 단 음식 등 일시적인 음식보다는 우리 재래의 전통 음식을 먹는 것이 건강해지는 길이다. 건강하면 행복은 온다. 제철 음식 등 우리 음식은 건강의 시금석이다. 건강한 채소류를 잘 먹으면 건강이 온다는 것이다.

주는 8시간의 건강한 잠이다. 의식주에서 16시간은 의식 상태가 되지만 잠자는 시간은 무의식의 상태이다. 잠자리는 그야말로 좋은 곳이어야 한다. 이게 풍수의 진정성 있는 말이 된다. 깊이 있는 잠은 보약이라고도 하는 이유이다. 이렇게 되면 의식주는 모두 해결되게 된다. 이것이 진정한 의미의 의식주이며, 이러한 의식주는 건강과 행복을 선사한다. 그러므로 값비싼 옷이 아닌

내 몸에 맞는 건강한 옷, 내 몸에 이로운 음식, 혈장 속에서의 잠은 우리에게 건강과 행복을 주는 지름길이다.

우리 인간에게 가장 많은 요구는 건강과 행복이다. 건강이 허락하지 않으면 행복은 있을 수가 없다. 한 사람의 질병은 온 가족을 힘들게 하며 시달린다. 이는 행복으로 이어질 수 없다. 그렇다면 건강한 행복의 밑바탕은 풍수를 하는 사람의 입장에서는 확실하다. 그 확실함은 좋은 곳에서의 생활과 웃어른들의 보금자리인 묘지이다. 올바른 혈자리의 묘지와 산 사람이 거주하는 곳의 양택은 앞에서도 언급하였지만 분명하고 세월 대대로 내려오면서 발전하고 발달되어 온 것이다. 새삼스럽게 말할 필요는 없다. 다만 비전문가인 일반인의 생각에선 의문이 남는다. 지금 인간이 달나라에 가고 있는 세상인데 미신인 풍수가 뚱딴지같은 소리냐고? 그러나 풍수 혈에 대한 연구는 계속됐고 어느 정도 이해했다고도 본다. 여러 가지 경로를 통해 입증됐기 때문에 혈은 이해되리라 생각된다.

그렇다면 건강한 삶은 앞에서도 말한 바와 같이 ① 조상의 길한 묏자리와 좋은 자리에서 생활을 하면 건강해진다. ② 그다음은 올바른 의·식·주이다. 먹는 것이 부족하거나 불량 식품을 먹는다면 건강할 수가 없다. 아무리 좋은 곳에서의 생활이 된다 해도 오염된 식료품의 섭취로는 건강을 유지하기 어렵다. 그러므로 입는 것과 먹는 것은 자는 것 못지않게 중요하다. 이러한 의·식·주가 건전하게 이루어진다면 틀림없이 건강하다. 건강이 되면 그다음은 행복이다. 행복은 건강이 유지되지 않으면 불가능한 것이다.

따라서 의·식·주의 해결은 좋은 옷이 아니라 오염되지 않는 무명 옷 등으로, 음식은 불량한 식재료가 아닌 PLS(식품에 대한 잔류농약 허용기준)농약의 적용을 받은 농산물을 먹으면 해결된다. 그다음은 주인 잠자리이다. 잠자는 자리가 혈의 개념으로 된 정혈(正穴)자리면 해결된다. 모든 것의 성공은 의·식·주이다. 이렇게 되면 건강은 완료된다. 건강하면 행복은 저절로 따라오기 마련이다.

6. 先行學習의 필요

풍수의 선행학습은 대단히 중요하다. 모든 학문이 선행학습을 필요로 하겠지만, 풍수는 특히 선행학습을 하지 않으면 혈을 찾는 것은 불가능하다. 혈이 뚜렷한 곳의 선행은 이해를 하는 데에 있어 절대적이다. 혈을 설명하면서 그림을 그리거나 형태를 아무리 설명해도 현장을 보지 않고는 이해가 되지 않는다. 특히 혈은 더욱 그렇다. 공부는 정형화된 곳을 방문하여 견학을 해야 한다. 현장을 보면서 책과 대조하여 설명이 있어야만 이해가 가능하다. 이러한 선행학습을 하지 않으면 아무리 유능한 강사라도 듣는 자로 하여금 이해는 어려울 뿐만 아니라 불가능하다. 현장에 임하여 견학하는 대상은 100여 군데이다. 습(習)의 우(羽)를 한 일(一)로 바꾸면 일백 백(百)이 된다. 이처럼 선행학습으로 100군데를 보고 나면 혈에 대한 이해와 느낌(感)을 잡을 수 있다. 선행은 사(師)와 학생(學生)의 필요충분조건의 학습이다.

만약 선행학습이 없다면 6악의 혈증에 관한 것이 아니라 조선시대부터 지금까지 진행된 풍수의 4신사에 의한 논리로 간다. 이러한 풍수 연구는 의미가 없다. 더군다나 이 책을 본다는 논리로 볼 때 6악에 의한 선행학습이 없는 교육은 하나 마나 한 공부이다. 그러므로 분명하게 생각하여 이 글을 이해코자 하는 독자는 선행학습을 하여야 한다. 그 대상지는 앞에 열거한 것으로 현장 확인이 필수이다. 풍수인들에게 필자는 간곡히 당부하는 바이다. 왜 고려 조선을 지나면서 지금 시간에는 혈이 없어야 함에도 불구하고 아직도 혈이 있는지에 대한 깊이 있는 생각을 해 보자.

❖ 혈의 결론과 결정적 정의

혈의 최종적인 결론은 4상과 5악이 발전된 6악이다. 4상과 6악은 따로 국밥이 아닌 한 몸 일체이다. 대부분의 서책에는 따로국밥 식으로 구분됐다. 그러나 혈은

4상으로 구분되는 것이 원리라면 그것에 대한 세분류는 5악에서 입혈맥을 더한 6악이다. 따라서 혈의 4상은 곧 6악에 의한 혈의 4상이 되어야 한다는 것이다. 4상과 6악은 형님 동생지간이며 부부지간이며 부자지간이다.

　풍수 고전인 혈의 결정적 정의는 4상이다. 또한 현대의 풍수 혈은 6악이다. 두 가지 둘 다 혈증의 종류이며 요소이다. 이는 혈 4상을 6악으로 세칭하여 분류하면 된다. 대부분의 서책은 따로국밥처럼 국과 밥 따로이다. 이는 아주 잘못된 논리이다. 입수, 전순, 선익, 혈, 그다음의 입혈맥인 6악에다 혈의 종류인 와혈, 겸혈, 유혈, 돌혈인 혈 4상을 대입하면 된다. 이는 6악에 의한 혈 4상을 나타낸 혈의 이름이다. 즉, 6악에 의한 와혈, 겸혈, 유혈, 돌혈의 그림이 필요하다. 혈 4상과 6악은 身土不二식 四象六嶽不二이다.

부록 (風水 誤判)

1. 풍수 명사 호칭 변경 – '정혈' 혹은 '혈'로

풍수는 혈을 찾는 것이 목적이자 기본이며 시원적인 기초이다. 왜 풍수가 혈의 명사가 되었는지에 대한 의문이다. 첫째로 어휘대로 바람과 물이기 때문에 풍수라고 했을 것이다. 바람의 양이 많은 태풍이나 강풍은 사람에게 해로움을 선사하고, 많은 비는 범람하게도 하고 농사에도 피해를 주었기 때문에 이로 인한 인식이 되었던 것으로도 보인다. 또한 바람과 물이 자연의 대부분인 양 우리 눈으로 쉽게 보고 판단이 가능했기에 장풍의 '풍'과 득수의 '수'를 더하여 '풍수'라 했으리라 짐작되기도 한다.

그다음은 풍수 5요소 용·혈·사·수·향에서 4신사인 전·후·좌·우 산속의 땅은 바람이 갈무리되고 큰 바람을 막아 주는 역할의 산으로 본 바, 그 바람을 '풍'이라고 한 것으로 이해되며, 그 땅 안에는 물이 있어 농사를 짓기 위한 방안으로 물이 가깝고 쉽게 이용할 수 있는 이점이 있었던 것으로 판단되어 '수'라 해 '풍수'라는 등식이 이루어진 것으로 유추되기도 한다.

그러나 현재에 이르러서는 위와 같은 사항에 대해 모순점이 있다. 용, 혈, 사, 수, 향을 분석하기 위해 표현을 달리하면 용은 간룡으로, 혈은 정혈로, 사는 4신사로 장풍이며, 수는 득수로, 향은 좌향으로 이해된다. 이 5요소 중 풍수는 장풍의 풍과 득수의 수를 잡아내면 풍수가 된다. 이리하여 대부분의 풍수인은 너무나 쉽게 사용하곤 했다. 이에 대해 풍수 혈 속에 용과 혈과 향은 없다. 이는 풍수 5요소를 용, 혈, 사, 수, 향으로 구분하는 데에 있어 한쪽으로 치우침이 크고 편향되어 있다.

또 다른 하나는 사인 4신사와 물은 가르치는 사람이나 배우는 사람의 입장에서 보면 상호 간 산천을 이해하기가 쉬우며, 사방을 보는 데에 있어서는 규모가 큰 4신사가 보기도 쉽고 이해도 편하다. 이에 따라 현장에서는 그들을 놓고서 설명 듣기가 쉽고 이해도 잘된다. 이러한 이해는 지금도 진행 중이다.

세월이 흘러 풍수에도 많은 발전이 있었다. 평생교육원이나 대학교, 대학원, 각종 연구소 등에서 석사·박사들의 학위 논문이나 연구 논문이 많이 생산되었다. 그러나 대부분은 4신사와 물로 이루어진 논문이다. 집이나 마을의 양기적인 논문이고 음택의 혈에 대한 논문은 거의 전무하다. 이를 백분율로 보면 양택·양기 논문이나 서책이 95% 이상이며 음택인 혈을 분석한 논문은 귀하다. 혈에 관한 논문이라 해도 용, 혈, 사, 수, 향 전체에 대한 논문이 대부분이다. 이렇게 보면 '혈'만을 분석한 논문은 없다. 그렇다면 풍수의 용, 혈, 사, 수, 향에서 핵심적인 것은 도대체 어떤 요소인가에 대한 의문이 든다.

따라서 풍수 5요소 중에서 가장 핵심적인 것은 누가 뭐라 해도 혈이다. 혈은 다른 어휘로 말하면 정혈이다. 혈을 떠난 풍수는 허구인 것이다. 양기든 양택이든, 마을 풍수든, 규모가 큰 대형·중형·소형 행정관서의 풍수든, 혈을 무시하는 풍수는 올바른 풍수가 아니다.

또한 4신사인 청룡과 백호 주작과 현무 속에는 무엇이 있는가를 유심히 보면 그 중앙에는 중요한 것이 있고, 있어야 된다. 중앙에는 무엇이 있어야 하는가는 생각해 보면 이해될 것이다.

그렇다면 풍수란 대명사는 바꾸어야 한다. 풍수가 아니라 '정혈(正穴, 定穴)'로, 혹은 '혈(穴)'로 바꾸어 부르고, 글로 표현을 해야 될 것이다. 풍수가 아니라 '정혈' 혹은 '혈'이란 명칭으로 변경하여 사용하여야 할 것이다. 필자는 이 명칭에 대해서 엄청난 목소리를 낼 것이다.

2. 쌍분-호리지차

우리 민묘는 쌍분이 대부분이다. 쌍분을 한다는 의미는 부부가 죽어서도 부부로 유택인 같은 곳에 살고 있다는 평범한 생각이 들어 있는 듯하다. 이는 풍수 이전에 부부란 공동체의 일면이기도 하다. 살아생전 부부가 한 지붕 아래에 살아오면서 있는 정 없는 정, 좋은 정, 좋지 아니한 정을 함께해 온 나머지 죽어서도 같은 봉분 속에서 영원한 안식처에 함께 살고 싶다고 생각하는 경향이 살아생전 부부 자신이나 자식들의 염원인 듯하다. 이러한 이유로 부부는 쌍분을 선호한다. 이 점에 대해서는 좋다는 생각이 든다. 그러나 풍수 혈을 더한다면 생각은 달라진다. 묘지는 음택으로 발복의 복지를 생각해 혈을 중시하는 것이다. 사람이 죽어 장사를 지낼 때에는 지관 지사를 초청해서 장사에 대한 자문을 구한 다음 행사를 마무리했다. 살아가는 것이 아무리 어렵다고 해도 지관 지사는 초청했다. 그 동네의 지관이 없는 경우에는 멀리에서도 초청을 하여 자문을 구하곤 했다. 이처럼 풍수에 대해서는 우리 선조들의 무궁한 뭔가를 바라는 원대한 희망과 꿈을 혹은 만복과 기복을 기다리는 것도 사실이다.

그러나 쌍분의 개념과는 너무나 먼 거리이다. 혈은 호리지차라 했다. 쌍분은 좌우 횡렬로 배치하는 것이다. 혈은 그렇게 넓게 이루어지지 않는다. 그 크기가 아무리 크다고 해도 2-3평 크기이다. 그렇게 본다면 쌍분은 좌우 선익을 침범하거나 선익 안의 물길인 1분합 속에 들어가게 된다. 그러면 올바른 정혈이 되지 않는다. 이것은 아주 잘못된 괴리이다. 풍수학적인 호리지차의 개념적인 혈과 부부지간의 여러 감정은 같이 다루면 근본이 달라진다.

따라서 쌍분은 지양되어야 하고, 부부를 같이 장사하고자 한다면 합분으로 하는, 현명한 방법으로 시정되어야 할 것이다. 〈그림 91〉에서 ①은 종선과 횡선이 정렬되어 있는 것이며, ②와 ③은 시작은 별 차이가 없으나 나아감에 따라 많은 차이가 있음을 시사하고 있다.

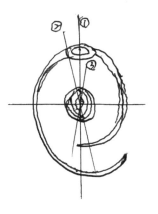

【 〈그림 91〉 호리지차 】

3. 양득양파 - 능·원·묘와 개인묘지

양득양파는 능·원·묘와 개인묘지의 묘원에서 볼 수 있다. 상당히 중요하게 다룬 것이 양파이다. 파가 많으면 많을수록 설기가 커져 피해 정도가 높아진다. 양득은 물을 2개소에서 얻는 것이며 양파는 물이 2군데로 나가는 것에 비해 물은 한 군데로 나가야 좋게 분석한다. 그렇다고 다 그런 것은 아니다. 특히 겸혈은 양파가 되어야 길하다. 이에 비해 다른 혈상은 혈의 종류에 따라 파구는 상이하게 모두 다르다. 그러나 조성된 묘지는 어떤가? 대체로 봉분의 앞쪽으로 물이 나가게 조성됐다. 이러한 봉분은 다파(多派)가 된다. 다파는 흘러내린 빗물이 여러 곳으로 분산해서 나간다는 의미이다. 여러 길로 나가면 설기가 되는 곳이 너무 많다. 이런 경우 풍수상 좋게 보지 않는 것이 정설이다.

그런데 현실은 어느 묘지를 막론하고 다파로 조성됐다. 이러한 장사 기법은 아주 잘못됐다. 혈상의 형태를 이해한다면 여러 경로로 나가게 하는 장법은 자연을 거스르는 것으로 순리적인 방법이 아니다. 따라서 혈 4상별 현장 확인이 되어, 4상에 의한 자연을 있는 그대로 행한다는 생각을 가져야 할 것이다. 그러하지 않으면 묘지 조성은 인위적으로 할 수밖에 없다. 이러한 처사는 자연을 그르치는 행위로서 풍수와는 거리가 있으므로 묘지 조성에는 반드시 자연에 따라, 즉 혈 4상의 형태대로 행해야 될 것이다.

〈그림 92〉는 양득양파에 해당되는 일반 민묘들이다. 봉분 좌우측에서 시작되는 득수는 2개이며 이 물이 모이면 2개의 파로 나가게 되어 있다. 이러한 묘지들은 흔히 볼 수 있는데 많이 잘못됐다. 혈상이 이렇게 되어 있는 경우를 제외하곤 양득양파는 있어서는 안 된다.

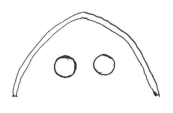

【 〈그림 92〉 양득양파 】

양득양파는 겸혈에서만 유일하게 나타나는 현상이다. 이 혈인 경우에는 이 방법이 가능하나 여타 다른 혈상에서는 아주 잘못됐다. 절대적으로 잘못된 방법이므로 앞으로는 시정하여 올바른 장법이 되어야 할 것이다.

4. 풍수가 상위 개념일까? 용혈사수향이 하위 개념일까?

풍수는 5요소로 용, 혈, 사, 수, 향으로 구분된다. 그럼 용, 혈, 사, 수, 향이 하위 개념일까? 아니다. 그는 상위 개념일 수도, 하위 개념일 수도 있다. 먼저 풍은 어디에서 출발할까? 4신사인 사를 다른 용어로 하면 장풍이다. 장풍에서 '풍'이 나왔다. 수는 득수에서 출발됐다. 이것이 풍수이다. 풍수는 사와 수이다. 용은 간룡으로, 혈은 정혈로, 향은 좌향으로 어휘가 변경된다. 이는 용, 혈, 사, 수, 향의 내용 속에 풍수가 들어가 있다는 것이다.

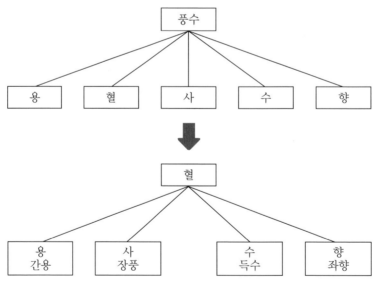

【 〈그림 93〉 상위(하위) 개념 】

그렇다면 풍수 5요소 중에 가장 중요한 핵심은 무엇인가? 그것은 바로 '혈'이다. 혈은 풍수의 핵심 중의 요체이다. 혈이 없는 풍수는 앙고 없는 찐빵과도 같다. 그러므로 혈의 중요성은 풍수를 연구하는 사람이라면 깊이 있게 성찰해야 할 것이다.

따라서 어느 것이 상위 개념일까? 답은 혈이다. 용사수향은 혈을 근본으로 한 하위 개념이다. 풍수를 우두머리인 양 생각하는 것과는 다르다. 이러한 내용이 바탕이 되어 풍수라고 부르면 문제가 되므로 '혈' 혹은 '정혈'이라고 하는 풍수 대명사의 명칭 변경을 요구하는 뜻과도 같은 맥락이다.

5. 선룡선수 - 같은 한 방향이다

풍수인은 선룡과 선수를 다르게 본다. 좌선룡이면 우선수로, 우선룡이면 좌선수가 합국이라 하여 길하게 분석한다. 이게 정말로 바른 말일까? 아니올시다. 규모가 큰 4신사를 논하는 것이 아니라 혈을 보면 이해가 될 것이다. 혈장의 선룡은 입수에서 시작되어 선익을 거쳐 전순까지 진행한다. 이것이 맥을 통한 선룡이다. 입수의 좌측이나 우측에서 출발되는 순간에 선룡은 구분된다. 좌측에서 출발되는 용은 좌선룡이며, 우측에서 출발되는 용은 우선룡이다. 좌선이든 우선이든 용이 돌면 물은 돌게 된다. 이는 자연의 이치이다. 선룡은 그 부분이 높다. 물은 높은 산의 용을 따라 상호 가게 되는 것이 자연의 흐름이다. 그러므로 혈장 안에서는 우선룡이면 우선수가, 좌선룡이면 좌선수가 된다.

이러한 처사는 좌선룡에 우선수의 개념과는 차이가 크며, 이에 대한 잣대는 4신사에서는 가능할지 모르겠으나 미시적인 혈장의 범주 내에서는 선룡·선수가 같아야 한다. 따라서 좌선룡이면 좌선수가 우선룡이면 우선수가 됨이 자연의 순리이다.

6. 혈 4상의 이름 단수 → 복수이다

풍수 고전에서 혈상의 이름은 단수였다. 와혈은 깊이에 따라 천와·심와, 넓이에 따라 활와·협와로 구분됐다. 이처럼 단수로 이름이 만들어졌다. 그런데 깊이에 따라 심천이 있으며, 넓이에 대해서는 어떤가? 좁은 협와에 그 깊이는 어떻게 볼 것인가. 협와 하나만의 혈명이 가능한가? 아니다. 혈상의 폭이 좁은 협와에 깊이에 따른 심와와 천와 2가지로 구분해야 옳은 판단이 된다. 그러하지 않은 단수의 혈 이름은 잘못됐다. 따라서 복수의 혈명이 되어야 비로소 제대로 된 혈명이 될 것이다.

그것은 협와 and 심와 또는 협와 and 천와가 된다. 정와 and 심와, 정와 and 천와가 된다. 그러면 변와에도 같은 의미가 있다. 변와 and 심와, 변와 and 천와가 되는 이치이다.

이러한 논리로 겸혈도 마찬가지이며 그 종류는 직겸·곡겸·장겸·단겸으로 구분된다. 장겸 and 직겸, 장겸 and 곡겸, 중겸 and 직겸, 중겸 and 곡겸, 단겸 and 직겸, 단겸 and 곡겸이 된다.

유혈에는 장유·단유·대유·소유가 있다. 이 또한 복수로 장유 and 대유, 장유 and 소유, 중유 and 대유, 중유 and 소유, 단유 and 대유, 단유 and 소유가 된다.

돌혈에는 대돌·소돌·평돌·산돌이 있는데 이 또한 복수로 대돌 and 평돌, 대돌 and 산돌, 중돌 and 평돌, 중돌 and 산돌, 소돌 and 평돌, 소돌 and 산돌로 구분되는 것으로 복수의 혈명이 되어야 할 것이다.

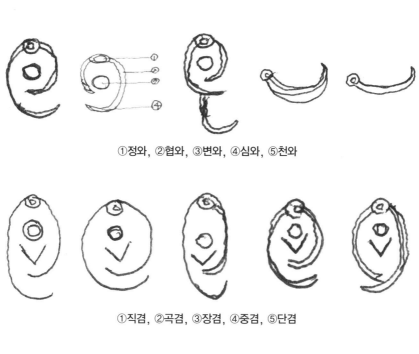

①정와, ②협와, ③변와, ④심와, ⑤천와

①직겸, ②곡겸, ③장겸, ④중겸, ⑤단겸

①장유, ②단유, ③대유, ④중유, ⑤소유

①대돌, ②중돌, ③소돌 제)평돌, 산돌은 평야지 산으로 그림이 불필요하므로 생략

【 〈그림 94〉 와·겸·유·돌혈 (신)그림 】

4 상	종 류		비 고
	고 전	현 장	
와혈	협와·활와·천와·심와	정와(천와, 심와) 협와(천와, 심와) 변와(천와, 심와)	4종(고전)→6종(현장) 단명→복명
겸혈	직겸·곡겸·장겸·단겸	장겸(직겸, 곡겸) 중겸(직겸, 곡겸) 단겸(직겸, 곡겸)	4종(고전)→6종(현장) 단명→복명
유혈	장유·단유·대유·소유	장유(대유, 소유) 중유(대유, 소유) 단유(대유, 소유)	4종(고전)→6종(현장) 단명→복명
돌혈	대돌·소돌·평돌·산돌	대돌(평돌, 산돌) 중돌(평돌, 산돌) 소돌(평돌, 산돌)	4종(고전)→6종(현장) 단명→복명

❖ 혈의 변천과정

1. 혈상의 변천

4嶽 ⟹⟹⟹⟹⟹⟹⟹ 5嶽 ⟹⟹⟹⟹⟹⟹⟹ 6嶽(1악 = 입혈맥)

2. 4상 종류의 변천

(1) 와혈

1) 협와·활와·심와·천와 ⟹⟹⟹⟹⟹ 정와 and 심와, 천와

⟹⟹⟹⟹⟹ 협와 and 심와, 천와

⟹⟹⟹⟹⟹ 변와 and 심와, 천와

2) 활와 없고 정와·변와 있다.

3) 단수명이 복수명으로 변천

(2) **겸혈**

1) 장겸 단겸 곡겸 직겸 ⇒⇒⇒⇒⇒⇒⇒ 장겸 and 곡겸, 직겸

⇒⇒⇒⇒⇒⇒⇒ 중겸 and 곡겸, 직겸

⇒⇒⇒⇒⇒⇒⇒ 단겸 and 곡겸, 직겸

2) 중겸 있다.

3) 단수명이 복수명으로 변천

(3) **유혈**

1) 장유 단유 대유 소유 ⇒⇒⇒⇒⇒⇒⇒ 장유 and 대유, 소유

⇒⇒⇒⇒⇒⇒⇒ 중유 and 대유, 소유

⇒⇒⇒⇒⇒⇒⇒ 단유 and 대유, 소유

2) 중유 있다.

3) 단수명이 복수명으로 변천

(4) **돌혈**

1) 대돌·소돌·평돌·산돌 ⇒⇒⇒⇒⇒⇒⇒ 대돌 and 평돌, 산돌

⇒⇒⇒⇒⇒⇒⇒ 중돌 and 평돌, 산돌

⇒⇒⇒⇒⇒⇒⇒ 소돌 and 평돌, 산돌

2) 중돌 있다.

3) 단수명이 복수명으로 변천

7. 분합 - 와혈만 유일하다

상분하합은 혈 4상 모두가 되는 것으로 이해한다. 그러나 분합이 제대로 되는 것은 와혈만 될 뿐이다. 다른 혈상인 겸혈·유혈·돌혈은 분합이 대체적으로 이루어지지 않는다.

겸혈은 하합이 2갈래의 물길이 되어 전순 아래에서 이루어진다. 이는 전순의 안과 밖의 차이이다. 전순 안에서는 와혈이 1파로, 전순 밖에서 이루어지는 겸혈은 낙조의 영향으로 2파가 되므로 하합이 된다는 것의 차이점으로 전순만 따진다면 하합이 아니라고 주장하는 혹자도 있다.

이에 비해 유혈과 돌혈은 하합이 되지 않는다. 파구가 여러 갈래로 갈라져 나가기 때문에 하합이 되지 않으며 상분 또한 이루어지지 않는 특징이다.

8. 물길-하합으로 와혈과 기타 혈은 다르다

물길은 분합과도 관계가 깊다. 와혈은 상분하합이 이루어져 물길이 하나로 나간다.

겸혈은 낙조사의 영향으로 나가는 물길이 2군데이다.

유혈은 물길이 3군데로 나간다.

돌혈의 물길은 7군데로 나가는 특징이 있다.

【 〈그림 95〉 혈 4상의 물길 】

9. 여기 - 혈상마다 다르다

일반적으로 여기는 혈의 남는 힘으로 전순이 되는 것이라고 이해하고 있다. 혈이 자리를 만들고 남는 여기의 힘으로 전순을 만든다. 이는 순서에 의해 이루어졌다. 입수·혈·전순으로의 종적인 종선에 있는 경우로서 통상 여기가 존재한다. 그러나 와혈은 전순이 종적인 혈 밑에 위치하지 않는다. 좌나 우측의 선익과 연결됐기 때문이다. 규모가 큰 선익을 통해 전순이 연결되는 것으로 혈의 남는 힘으로는 연결이 되지 않는다. 그러므로 와혈은 전순이 여기의 힘으로 된 것이 아니라 선익의 힘으로 된 것이다. 따라서 와혈은 여기가 없으며 겸혈과 유혈, 돌혈은 종선의 순서대로 되어 있어 전순은 혈의 여기로 되어 있음은 분명한 것이다.

10. 전순의 생성 원리

전순의 생성 원리는 상당히 의미가 깊고 혈 공부를 오래했거나 연구를 많이 해도 제법 다루기가 어려운 것이 사실이다. 그래서 혈 4상은 같은 것이 아닌 상호 다르게 해석되어야 전순의 생성 원리가 가능하고 이해된다. 와혈은 전순이 선익을 따라 연결되어 있고 마지막까지 진행해 머물기에 끝에 생성된다. 이에 비해 겸혈은 혈의 여기로 전순이 생성된다. 낙조사로 혈 아래 뾰족이 내민 형태로 전순이 된다. 유혈은 종선의 개념에 의거 입수·혈·전순으로 연결되는 것으로 겸혈과 마찬가지로 생성된다. 돌혈은 유혈과 같은 원리이다. 다만 혈의 높낮이가 높고 선익사인 현침이 있는 것이 유혈과의 차이점이다. 따라서 와혈은 전순이 독특하게 선익으로부터 생성되며, 겸혈, 유혈, 돌혈은 입수·혈·전순으로 연결된 종선의 개념으로 생성된다는 것이다. 이에 따라 와혈은 선익으로, 겸혈·유혈·돌혈은 혈의 남는 힘인 여기로 생성되는 것으로 이러한 조건의 생성 원리상 차이가 있다.

11. 4신사에서 5악으로, 5악에서 6악으로

혈을 보는 방법에 따라 규모가 큰 것이 4신사이다. 4신사로 보는 풍수가 청룡, 백호, 주작, 현무이다. 이는 보고 이해하기가 좋다. 가르치기가 좋다. 배우기가 쉽다. 이에 비해 5악은 그 반대다. 작고 이해가 어렵고 가르치기가 좋지 않고 배우기가 어렵다는 것이다. 이는 풍수가 힘들고 어렵게 여겨지고 미신시되는 이유이기도 하다.

둘째로는 현장이다. 현장에서는 처음과 같이 쉬운 방법, 이해하기 편한 방법으로 혈을 찾고자 했다. 이는 4신사로 혈을 찾는 이유가 되어 지금도 혈이 남아 있다. 그 당시부터 혈 공부 위주로 했다면 지금쯤 혈이 없어야 하는 것이 아닌가.

셋째는 많은 발전으로 평생교육원 대학교·대학원 등에서 풍수 강의를 두루두루 하고 있으나 대부분 4신사 위주이며 현장 관산에서도 같은 내용으로 안내한다. 혈증인 5악 위주로 현장 설명을 하는 경우는 극히 일부이다. 더군다나 대학교·대학원에서 나오는 논문은 4신사가 주류이다. 5악인 혈증 위주로 나온 논문은 800여 건 중 20건 정도가 혈과 관련된 논문으로, 혈을 연구한 경우는 아주 적다. 특히 혈만을 위주로 논문을 생산한 경우는 전무하다. 이러한 논리로 볼 때 아직도 혈이 있다는 것이 참말이지 않은가. 이는 정설이다.

그러므로 6악에 의한 혈증의 공부는 항상 미루어지며 4신사의 논리가 앞서는 이유로, 앞으로의 진행 방향은 4신사로 계속 잘못 진행될 것이다.

12. 혈 4상의 4악에서 5악의 4상, 6악의 4상에 의한 혈상의 변천

혈 4상에 대한 논리는 풍수 고전에서 볼 수 있다. 4상의 그림에는 전순이 없다. 이는 4악이다. 1악인 전순의 결여이다. 우리 얼굴에 해당하는 턱이 없으므로 물이 곧장 나간다. 이러한 것이 보충된 내용의 5악이다. 5악은 풍수 고전에서 볼 수가 없으나 근래에 현장의 혈을 보면서 발전된 것으로 이해된다. 이래서 5악에 의한 혈 4상 구분이 필요하다. 그러나 1악이 더 있다. 그것은 바로 입혈맥이다. 입혈맥은 분합에서 입수 아래 물을 갈라 준다. 이것이 상분이다. 입혈맥이 없으면 상분은 불가능하다. 이 상분의 원천이 입혈맥으로 1악을 추가하여 6악이라 칭한다. 6악에 의한 혈 4상 구분이 되어야 비로소 올바른 혈상이 된다. 따라서 혈 4상에서 출발하여 5악에 의한 혈 4상으로, 한 걸음 더 발전된 6악에 의한 혈 4상의 분석이 필요한 것으로 이해한다.

(4상:전순 무-5악에 의한 4상:입혈맥 무-6악에 의한 4상:완결)

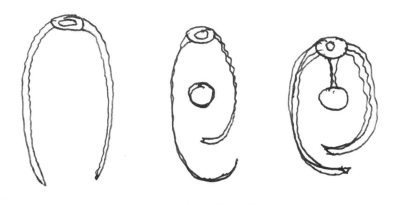

【 〈그림 96〉 혈 4상의 변천 】

13. 'j'자 멈춤

혈은 아무 데서나 생성되는 것이 아니다. 생성되는 원리가 있다. 멈추어야 혈이 생긴다. 멈추지 않는 맥은 하염없이 진행한다. 이처럼 진행된 맥에서는 혈이 될 수 없는 것이다. 산의 맥선이 진행하다가 'j'자로 틀면 혈이 된다. 'j'자 하단부가 우측이나 좌측으로 튼 경우의 형태가 있어야 혈이 된다. 산은 멈추지 아니하면 혈이 생성되지 못한다. 산맥은 직진성이 강하다. 그러므로 그러한 'j'자가 있는 흔적이 지표면에 있으면 멈춘 곳이 된다. 혈을 찾고자 한다면 이러한 형태로 틀어지는 곳을 찾아야 할 것이다. 즉, 멈춘 곳이 혈이며 멈추고자 한다면 'j' 자로 틀어진다. 그곳을 찾는다면 혈은 분명하게 있다.

14. 미시적

풍수 공부는 미시적인 공부가 되어야 한다. 거시적인 공부는 세밀하게 공부하거나 연구하는 데 문제가 된다. 이는 광의로 해석하는 것과는 의미가 통할 수 있지만, 협의로 좁게 보고 정밀하게 보는 미시적인 방법과는 차이가 있다. 풍수는 세밀하고 자세하게 보는 방법이 필요하다. 크게 보는 거시적 방법은 의미가 없기 때문이다. 쉽게 보고자 하여 4신사로 판단한다면 10m 아래나 10m 위로 옮겨져도 자리라면 그게 혈이 될 리가 있는가? 답은 아니다. 상모를 보면 중앙에 코가 있는데 그 코를 위로 당기거나 밑으로 내려도 된다면 웃기는 일일 것이다. 옮기는 것이 가능할까? 불가능하다. 아니 혈이 그렇게 왔다 갔다 할 수는 없다. 풍수 현장이 그렇다는 것이다. 상모와 풍수 현장은 유사하다. 그러므로 큰 규모의 거시적인 방식은 지양되어야 하며 아주 세밀하게 보는 미시적인 방법의 공부가 되어야 한다. 미시적인 안목으로 보는 것이 세밀하게 보는 방법이다. 얼굴을 요모조모 뜯어보는 방법이 풍수에서는 필요한 것이다.

15. 풍수는 답이 아니다, 혈이 답이다

앞에서도 언급이 되었지만 장풍과 득수는 풍수가 아니다. 오직 혈증이 혈을 쉽게 찾아내는 지름길이다. 현장이나 강의실에서 풍수의 논리보다는 혈의 논리에 대한 설명이 되어야 한다. 혈은 오직 혈증의 원리에서 찾아야 한다. 혈증을 떠난 풍과 수는 의미가 없다. 이는 오랜 세월이 흘러도 혈을 볼 수가 없는 것이다. 장풍과 득수로 혈을 찾는 방법이 있으면 이 책을 읽는 독자는 저자에게 연락을 해 주면 그에 대한 사례를 할 계획이다. 이 말은 농담이 아님을 밝힌다.

16. 진입로 등

봉분에 올라가기 위한 진입로나 계단 등은 힘을 받지 않는 쪽에다 설치하여 비보적인 효과를 얻음이 좋다.

선룡이 우선이면 혈의 좌측에다가 비석이나 진입하는 길이나 계단을 설치하면 된다.

선룡이 좌선이면 봉분의 우측에다 위와 같은 필요한 시설 등을 설치하여 그 부분을 보강하는 지혜가 필요한데, 이렇게 한 경우가 거의 없고 드물다. 관산을 해 보면 선룡에 따라 반대쪽에 설치물을 설치하여야 비보적인 효과가 있는데 그러하지 못한 것을 많이 보게 된다. 이러한 처사는 잘못된 방법이므로 시정을 요했으면 한다. 편리하다는 핑계로 진입로와 가까운 곳에 설치하곤 하지만 조금만 신경 쓰면 해결이 되는데 현실적으로는 상당히 어려운 것 같다. 가만히 있는 엉덩이의 살을 떼어 내어 불필요하게 하는 경우가 많다. 보다 현명한 방법이 되었으면 한다.

17. 봉분의 설치

① 봉분을 조성코자 하는 곳에는 흙이 필수적으로 필요하다. 이 흙을 아무 곳에서 가지고 와서 봉분을 조성하는 데 문제가 크다. 힘을 받는 곳이나 그러하지 않는 곳의 흙을 가지고 와서 생각 없이 봉분을 조성하는 사람이 많다. 봉분의 흙은 힘을 받고 있는 곳에서는 피해 정도가 크므로 선룡의 힘이 미치지 아니하는 곳의 흙을 이용하여 봉분 등을 조성해야 된다. 현장에서는 지관 지사 혹은 상주의 생각 없이 시행하는 경우가 많다. 이때 필요한 흙 등은 힘의 영향이 없는 곳을 선택하면 효과적이다. 그러한 곳은 선룡이나 맥선의 이해가 필요하다. 선룡의 반대쪽 흙을 활용해야 선룡의 피해가 없으며 또한 맥선에 의한 맥을 끊는 경우도 있으므로 맥선에는 손상을 입혀서는 곤란하다. 그러면 맥선과 선룡은 그 힘에 의해 산맥이 움직이고 혈의 흐름이 되므로 맥선이 아닌 곳과 선룡의 반대쪽 산의 계곡부의 흙을 이용해서 불필요한 힘의 설기를 막아야 할 것이다. 이를 무시하고 필요한 흙을 아무 곳에서 가지고 와서 사용한다면 피해가 클 것이다.

② 민묘는 대부분 봉분 앞의 물이 나간다. 이런 물은 양득양파이다. 어떤 혈상인지도 모르고, 구분 없이 천편일률적으로 앞이 평평하고 고르게 되어 있다. 이는 양파이다. 양파는 겸혈에서만 유일하게 사용하는 이론이다. 와혈이나 유혈, 돌혈은 양파가 되면 곤란하다. 자연이 주는 혈상의 모양 따라 봉분

등을 조성해야 하는데 자연을 어긋나게 활용하는 처사가 대부분이다. 와혈이면 와혈답게 묘지 조성이 되어야 하고, 겸혈·유혈·돌혈은 혈상답게 묘지 조성이 되어야 하건만 대부분 유사하다. 이러한 묘지 조성 방법은 시정되어야한다. 엄청나게 잘못된 방법이므로 혈 4상에 따른 묘지 조성이 되어야 100%의 혈상에 의한 도움을 받을 것이다. 이것이 우리에게 선물로 준 자연의 혜택이다.

18. 패철 무용론과 용살

(1) 패철 무용론

풍수인들은 패철을 군인들의 소총에 비유한다. 군인에게 총이 없으면 완전히 패잔병인 양 생각하곤 한다. 그러나 풍수하고는 그 격차가 크다. 이는 현장을 모르거나 현장을 떠나서는 가능하다. 강의실이나 현장에서 5악에 의한혈증이 없는 경우에는 차선책으로 패철에 매달리곤 한다. 그러나 우리 얼굴의상모에서 전후좌우 중앙에 있는 코를 움직인다는 것은 도저히 인정할 수 없는일이다. 현장에서 우리 상모와 유사한 것이 없다면 패철이 필요하지만, 자연에서 우리 상모와 같은 현장이 있다면 어떻게 할 것인지에 대한 의문이 든다.혈이 없다면 패철이 필요하겠지만 있다면 무용지물이 될 것이란 말이다. 이에 따라 현장에는 혈증이라 하는 5악의 혈이 존재한다. 따라서 패철은 무용지물이다. 혈 4상이나 혈증 5악을 이해하면 패철의 의미는 극히 미약하다. 5악이 없는 곳에서는 패철로 방위를 헤아려 비로소 패철의 위력이 필요하지만 상모의 코는 움직일 수가 없다. 상모에서 보면 이마·턱·광대의 중간에는 코가있다. 이 코를 움직인다면 다치거나 성형수술로 인한 경우 이외에는 불가능하다. 이처럼 상모에 있는 코를 어떠한 방법으로 조절하여 움직일 수가 없다는 것은 풍수인 대부분 알고 있지 않은가?

그럼 혈장 5악은 어떤가, 상모와 유사하다. 현장에서 상모 같은 혈을 찾아서 보면 아주 닮아 있다. 상모의 이마는 입수로, 턱은 전순으로, 광대는 선익으로, 코는 혈로 대칭된다.

이처럼 상모와 혈은 아주 유사하다. 이렇게 비슷하다면 코인 혈을 움직일수가 있는가? 답은 움직일 수가 없다.

따라서 패철은 의미가 없는 불필요한 무용지물이다. 즉, 패철은 버려야 하는 것으로 풍수상 오판을 하고 있는 것이다.

(2) 용살

용살은 용맥에 의해 충을 받는 경우로서 맥이 칼 모양이나 예리한 형태로 그 아래 묘지나 집을 충사하는 것이다. 맥이 입맥으로 지나칠 정도로 서서 진행하는 용맥이 여기에 해당된다. 용살에 의한 집은 그 속에 살아가는 사람에게도 피해를 주며, 용살에 의한 음택은 묘지 속에 있는 후손에게 그 피해에 대한 영향을 주는 것이 된다. 따라서 혈이 아닌 곳에서의 장사나 삶은 용살에 의한 피해를 감수해야 한다. 그러나 5악에 의한 혈이 되는 곳에서는 용살의 피해가 없다. 용살이 있다손 치더라도 입수가 이를 막아 주기 때문에 이러한 피해는 없다. 다만 혈이 아닌 곳에서는 용맥에 의한 직접적인 피해가 있기 때문에 용살의 피해를 받게 된다. 혈이 되는 곳에서의 용살은 없다. 용살의 피해를 막아 주는 것은 위(上)에서는 입수가, 좌우에서는 좌우 선익이, 아래(下)에서는 전순이다. 이처럼 5악에 있는 각각의 1악들은 그 나름의 전담하는 역할이 있다. 그래서 혈이 되는 곳에서의 용살 피해는 없는 것이다.

따라서 방위학에 의한 패철상의 용살 개념은 의미가 없고 혈이 있는 곳에서는 사용 불가이다.

19. 入庭不入室일까?

　풍수의 목적은 혈을 찾는 것이다. 혈을 쉽게 찾는 방법이 득수위상 장풍차지인가? 아니다. 정혈(正穴, 定穴)이 먼저다. 물을 찾거나 장풍을 보고 혈을 찾을 방법이 있단 말인가, 가능하다면 이 방법을 따라야 하지 않을까? 아무리 풍수 고전에 있다손 치더라도 방법론이나 실용상에 하자나 문제가 있다면 방법을 달리해야 하지 않겠는가. 득수와 장풍은 4신사에서는 맞고 가능성이 있는 일이다. 그러나 크지 않는 5평 정도의 혈을 찾으면서 장풍이나 득수를 분석한다는 것은 혈을 이해하는 입장에서는 도저히 납득이 가지 않는다. 혈은 미시적인 방법으로 보아야 가능한데, 득수와 장풍을 논한다는 것은 거시적인 규모의 형태에서나 가능한 사항으로 혈의 개념과는 괴리가 크다. 따라서 득수와 장풍으로 혈을 찾는다는 것은 불가능하며 혈 위주로 찾아야 그야말로 혈이 보인다는 것이다. 이는 혈증, 혹은 정혈이 가장 우선시되어야지 그러하지 아니하면 입정불입실(入庭不入室)이 될 것이다.

　따라서 혈을 찾아낸다면 입정입실(入庭入室)이 될 것이다. 이에 비해 4신사인 장풍은 입정불입실이 된다. 이는 거시적으로 너무나 크게 보아 10m 정도의 움직임은 허용될 것으로 판단하기 때문이다. 그러나 혈은 움직일 만한 여유 폭이 조금도 없다. 이러한 이유는 시작은 별 차이가 없더라도 나중에는 큰 차이가 나는 호리지차이기 때문이다.

20. 혈 찾기는 遠七近三인가?

　혈을 찾는 방법론에 심혈법이 있다. 심혈법은 원칠근삼의 의미로 전체를 놓고 혈을 찾기 위한 경우로, 그 경우의 수로 표현한 것이다. 먼 곳에서 미세한 혈을 찾는다는 것은 불가능하다. 멀리서 용이나 맥 혹은 주변을 찾아가는 거시적인 접근 방법은 가능하나, 미세한 혈을 먼 곳에서 무슨 재주로 찾는단 말인가? 이는 불가능한 이론이다. 4신사를 찾는다면, 용맥을 찾는다면 가능한 일이겠지만 혈은 불가능하다. 물론 용과 맥, 4신사를 찾아 접근하는 하나의 이론으로서는 가능한 일이지만 미세한 혈을 찾아낸다는 것은 귀신이 곡할 노릇으로 현실적으로는 불가능하다. 이처럼 풍수 고전의 원칠근삼은 이제 사용하지 말아야 한다. 꼭 사용코자 한다면 원삼근칠(遠三近七)이 되어야 올바른 표현법이 될 것이다.

숨어 있는 또 다른 의미는 거시적인 방법의 접근이다. 이는 조선시대의 사대부들의 혈 찾기 위한 공부 방법이다. 선익은 아주 미세한 지형지물의 사(砂)이다. 이 사를 놓고 혈을 찾는다는 것은 어지간해서는 불가능하다. 이러한 내용은 입정불입실의 개념이기도 하다. 볼일이 있어 사람을 만나기 위해 다른 사람의 집에 가기는 가는데 방 안에는 들어갈 수가 없는 것이다. 방 안에 들어가야 진지한 얘기가 될 것인즉, 마당에서 말을 나누는 것은 건성으로만 될 뿐 진정성이 떨어진다. 따라서 올바른 관산은 거시적인 방법이 아닌 미시적인 방법으로, 광의가 아닌 협의로, 총론에서 개론으로 생각되는 접근법으로 전환하여 풍수 공부를 해야 비로소 올바른 혈을 찾아낼 수가 있을 것이다.

21. 이기법은?

풍수 혈은 형기를 먼저 논하여야 한다. 잘못된 형기 속에 이기를 논해 봐야 올바른 자리가 될까? 아니 된다. 혈 자리가 아닌 곳에 온갖 이기를 동원하여 풍수기법을 사용한들 무슨 의미가 있겠는가. 그렇다면 올바른 자리에서는 바른 이기를 동원하여 사용하는 것이 좋은 방법이다. 인간의 입장에서 공간적·

지리적 좋은 곳을 선택된다면 시간적인 개념을 도입해서 하는 것이 3간의 개념이다. 하늘과 땅의 중간에 있는 인간이 올바르지 못한 공간에 있다면 아무리 좋은 시간을 선택한들 올바른 선택으로 인간이 바르게 될 것인가? 아니올시다. 그렇다면 길한 공간에 적절한 시간을 맞춘 입장에서 인간이 살아가는 최종적인 목적이 있다. 그것이 풍수 이기법의 활용이다. 좋지 못한 공간에 좋은 시간을 헤아려서 길한 조건이 된다면 공간은 필요 없고 풍수의 이기만을 고집해도 된다. 그러나 현실은 탐탁지 않다. (길한 조건의 공간이 된다면) 좋은 시간의 선택은 가능하리라 생각된다. 그러하지 아니한 흉지의 공간에 시간을 도입한다면 이기는 버려야 할 방법론이다.

22. 5(6)렴의 해석

6악이 있는 곳에 6렴이 들까? 6렴은 혈이 되는 곳에는 들 리가 없다. 즉, 혈에는 전후좌우의 미세한 사들이 이러한 6렴을 방어하고 방지하기 때문에 침범이 될 리가 없지 않는가? 전후좌우에 있는 전순·입수·좌우 선익이 있기 때문이다. 즉, 앞에는 전순이, 뒤에는 입수가, 좌측에는 좌선익이, 우측에는 우선익이 있어 지표면을 통한 6렴이 침범되지 못하기 때문이다. 혈이 되지 않는 곳, 4신사나 다른 논리에 의거 자리를 한 경우에는 6렴이 들 가능성이 크지만 올바른 혈에서는 6렴이 들지 않는 것이 일반적이다. 그러므로 혈 자리가 되는 곳을 찾아서 자리를 하는 것이 현명한 방법이다. 그러나 양택인 경우에는 규모가 커 혈 자리가 아닌 곳이 대부분이다. 이러할 때에는 해결책이 미미하다.

그렇다면 이에 대한 근본적인 해결책은 아궁이에 불을 때는 것이다. 불을 때면 목렴·모렴·화렴·수렴·풍렴·충렴을 방지할 수가 있다. 목렴이나 모렴은 나무의 뿌리 혹은 가는 실뿌리로서 불에 이길 수가 없어 타 죽는다. 화렴은

검게 되는 것으로 이 역시 불에 대항할 수가 없다. 수렴도 마찬가지이지만, 풍렴이나 충렴도 아궁이에 의한 불을 넣는 것으로 해결된다. 따라서 양택인 건물인 경우에 6렴을 이길 수 있는 가장 좋은 방법은 작은 한옥이나 나무집에 구들을 만들어 화목으로 불을 지피는 것이다. 5렴이나 6렴을 이기는 방법은 구들에 나무 때는 방법이어야 만사 해결이 된다.

23. 風水無全美일까? 風水全美일까?

풍수무전미는 4신사로 보면 이해가 된다. 4신사는 큰 규모이므로 풍수무전미가 오히려 규모면에서는 맞다.[58] 그러므로 풍수무전미는 4신사로 보면 이해가 된다. 10m를 위로 올라가나 올라가지 않으나 같은 범주 내에 있기 때문이다. 이에 비해 풍수전미는 혈증으로 보아야 한다. 혈증을 위주로 보면 빈틈의 여지가 있어서는 아니 된다. 여유 폭이 전연 없다는 것이다. 이는 운신의 폭조차 없다. 상하로 1m, 아니 10㎝의 여유도 없는 것이다. 이렇게 혈증 위주의 정혈은 정확하다. 혈이 정확하면 풍수전미이다. 풍수전미는 여유 폭이 전연 없어 풍수무전미와는 거리가 멀다. 그러므로 결론은 풍수무전미는 4신사로 보는 것이요, 풍수전미는 혈증으로 보는 것이다.

혈자리를 찾아 묏자리를 쓴 결과 잘 풀렸으면 이러한 말이 나올까? 지사나 지관을 대동하여 자리를 보고 난 후에 식사 대접을 융성하게 하고 또 노잣돈을 크게 준 결과로 묏자리를 쓰면 미래에는 큰 발복을 받는다는 생각으로 세월을 보냈으나, 돌아온 결과는 흉하다 못해 多多惡凶만 일어나니 후회가 막급

---

58 4신사의 규모는 가로 100m, 세로 100m로 1ha가 넘는 규모로 크다. 이에 비해 혈은 5평 내외의 규모로 작다. 4신사는 너무나 큰 규모이며 혈은 아주 작은 면적으로 섬세하게 보아야 하는 차이점이 있다.

이라 한탄하는 어휘로 생겨난 듯하다. 그래서 묏자리는 좋은 자리가 없다는 의미로 풍수무전미로 둔갑된 듯하다.

묘지 사용 후 발복이 잘되었으면 이런 말이 생겨날 리가 없을 것이니 참으로 안타까운 현실이다. 그렇다면 풍수에서 온전한 곳은 없는가? 없을 것이라고 단정하는 이유는 간단하다. 아무리 좋은 조건의 자리라도 흠이 있다고 하여 일반적으로 그렇게 이해한다. 그럼 반대로 風水全美(풍수전미)는 있는가? 있다고 보는 이유는 단순하다. 혈은 전미이다. 혈이라고 하는 용어는 하나라도 흠이 있으면 혈이 될 수 없다. 만약에 풍수 고전인 『인자수지』 등에서 그려진 혈상에는 턱인 전순이 없다. 이러한 혈이 혈상이라 할 수 있는가. 필자가 그 시대에서 봤다면 당연히 혈상이 아니라고 했을 것이다. 전순이 없는 혈상은 물이 곧장 빠져나가는 웃지 못하는 현상이 되어 혈이 될 수 없는 것이다. 그러나 당시에는 통용이 됐으니 어찌하게나 혈이라고 하였다. 지금은 전순이 있는 5악이 있다. 이러한 논리로 볼 때 혈의 요소인 1악이라도 부족하면 혈이라할 수 없는 것이다. 이러할진대 이를 두고 풍수무전미라 했다.

그러나 올바른 혈은 부족한 곳이 없다. 부족함이 있으면 혈이라는 혈 이름을 붙일 수가 없기 때문이다. 그러므로 혈상의 이름이 있다면 그것은 온전한 것이다. 이는 풍수전미이다. 따라서 풍수에서, 특히 혈에서 풍수무전미는 잘못된 용어로 풍수전미로 바꾸어야 된다. 혈은 완전무결한 '風水全美'이기 때문이다. 이에 비해 장풍인 4신사는 풍수무전미이다.

24. 풍수는 장풍 득수의 준말일까? 아닐까?

단순하게 생각하면 줄인 말이 된다. 그러나 정확하게 보면 풍수는 혈을 의미하며 장풍과 득수와는 거리가 멀다. 혈은 정혈로 봐야 하고 혈증으로 찾아야 하기 때문이다. 혈을 찾는 목적에 장풍과 득수로 찾는다는 것은 불가능하고 잘못됐다.

장풍과 득수로 혈을 찾을 수 있다면 새로운 이론이 하나 성립되는 것이다. 이러한 이론이 있었으면 개인적으로도 좋겠다. 왜 좋다는 말인가. 풍수 현장에는 아직도 4신사로 떠드는 경우가 많고 수맥이나 기맥으로 자기가 최고인 양 떠드는 경우의 이론이 많아서 시끄럽다. 누구든 짧은 시간 내, 혈을 이해하여 좋은 자리에 조상을 모시면 하는 희망이 강하다. 이 또한 모든 사람이 풍수 발복 운운하는 이유도 되지 않을까?

그렇지만 이러한 것은 불가능하다. 작게 보아도 쉽지 않은 것이 혈 공부인데 크게 보아서 혈을 찾는 이론은 객관성과 통일성이 떨어진다. 그러므로 장풍 득수는 줄임말로 풍수는 될지언정 혈을 찾는다는 것은 가능성이 없다.

25. 풍수는 득수위상 장풍차지일까?

득수와 장풍은 4신사에서 사용하는 어휘이다. 용을 간룡이라 하고, 혈을 정혈이라 하고, 사를 4신사인 장풍법이라 하며, 물을 득수로 표현되며, 향을 좌향론으로 구분할 때 사용하는 용어가 용혈사수향의 4신사와 수인 물의 의미이다. 풍수를 혈이라 할 때, 이때 사용하는 비교법과는 차이가 있다. 풍수를 혈이라고 가정할 때는 정혈의 하위 단위인 혈을 의미하고 있지만 장풍과 득수는 동등한 개념이다. 득수의 수와 장풍의 풍을 당겨 풍수로 볼 때와는 다르다. 따라서 혈을 찾으면서 득수와 장풍으로 찾는다는 것은 개념으로도, 현실적으로도, 자연 속에서는 같이 존재할 수가 없다. 따라서 혈을 찾기 위해서는 정혈의 원리를 이해하고 현장에 임해야만 혈이 보인다. 물과 장풍으로는 크게 보는 방법으로 혈을 찾는 목적과는 큰 차이가 있다.

26. 명당이란

(1) 명당

사전적 의미는 아주 좋은 묏자리를 의미하는 것으로 설명됐다.[59] 그러나 일반적으로 묏자리 앞이나 집 앞을 이해했다. 명당은 혈처를 말한다. 밝은 곳이 명당이고 명당이 혈이기 때문이다. 명당을 묘지 앞이나 마당을 의미한다고 하지만 실제로 명당의 명은 밝은 곳이며 당은 집 '당' 자이다. 그러므로 명당은 혈이지, 혈의 앞은 아닌 것이다. 명당은 혈을 찾는 방법의 의미가 아니라 4신사로 찾는 경우이다. 즉, 큰 개념으로 찾으면 묏자리 앞이나 집 앞으로 생각할 수 있다. 그러나 미시적 작은 개념, 즉 우리 얼굴과 같은 미세한 개념으로 혈을 찾아서 보면 명당은 혈이고 혈처인 것이다. 따라서 명당은 혈처이지 혈 앞이 아니다.

(2) 명당의 이해

명당(明堂)은 통상 이렇게 이해한다. 그러나 풍수적 명당에 대해서는 조금은 이해가 가지 않는다. 명의 사전적 의미는 3가지로 구분된다. 먼저 명(明)은 '밝을 명', '총명할 명' 등으로 17개의 뜻이 있고, 명(眀)은 '눈 밝을 명'으로 명의

---

59 장삼식, 『한한 대사전』, 교육도서, 1993, p.683.

별자이며, 명(覵)은 明의 고자로 되어 있다.[60] 이를 놓고 분석해 보면 명당이란 '눈 밝은 명'과 '집 당'으로 함이 타당해 보인다. 明의 해석은 달이 있을 때의 해는 의미가 퇴색된다. 명(覵)은 달이 있을 때 창문을 통한 밝음이다. 따라서 明堂이 아니라 覵堂이 되어야 풍수에서 혈을 찾는 데에 적절한 어휘가 되는 것이다. 이에 따라 앞으로는 明堂을 覵堂으로 바꾸어 사용되어야 하며 6악의 혈증에 의한다. 이에 반해 覵堂은 4신사에 의한 양택에 사용되어야 된다. 明堂은 복합적으로 활용되어 지금의 시대에 사용되고 있는 것이다.

27. 5다 원칙의 이해

혈은 5가지 원칙 속에서만 혈이 된다. 다음과 같은 원칙이 없으면 혈은 생성되지 못한다. 괴혈이든 정상적인 혈이든 간에 5다 원칙 속에서 혈은 만들어지는 것이다.

(1) 들었다

혈의 생성은 입수부터 시작된다. 입수에서 작은 분맥을 하기 위해서는 들어주어야만 개장과 같은 소분맥이 이루어진다. 소분맥 속에서 천심맥이 나가면 혈이 형성된다. 들었다가 첫 번째의 일이다.

(2) 벌렸다

두 번째가 벌렸다는 것이다. 벌려져야만 소개장이 되어 좌우의 선익이 된다. 벌렸음은 선익이 있다는 말이다. 그러므로 6악 중의 하나인 좌우측의

---

60   장삼식, 「한한 대사전」, 교육도서, 1993, p.682,712,1046.

선익이 생성된다는 말과 같다. 선익이 생성되면 6악의 5악[61]이 완성되는 것이다.

(3) 붙었다

좌우의 선익이 올바르게 생성되고자 한다면 선익의 측면에 요성이 붙어야만 한다. 붙어 있는 사가 없거나 미약하면 좌우측의 선익이 안으로 굽어진 형태가 되지 않는 경우가 생긴다. 이렇게 되면 선익이 배신하는 형태가 되어 올바른 혈이 되지 못한다. 그러므로 사가 붙었다는 것은 올바른 혈을 생산하는 데 필요조건이 된다.

(4) 돌았다

남은 1악이 되고자 한다면 진행하는 맥이 돌아야만 마무리가 된다. 이때의 형태가 돌아가는 모양이다. 돌았음이 없는 것은 올바른 마무리가 되지 못하다는 것이다. 이렇게 되면 전순이 있을 수가 없다. 없는 전순은 당판의 물이 곧장 흘러 일직선으로 나가 혈을 설기시킨다. 전순이 없다는 것은 다된 밥에 코를 빠뜨리는 꼴이 되어 크나큰 하자가 발생된다. 이런 경우 혈이 되지 않으므로 낭패가 된다. 따라서 혈의 마무리는 분명하게 돌아야 한다.

(5) 떨어졌다

맥이 돌려면 돌아가는 하단부가 떨어져야만 된다. 떨어지면 자연의 이치는 돌게 마련이다. 자연의 맥이 떨어짐은 상호 같이 이루어지므로 맥의 돌아감이나 떨어짐이 분리될 수는 없다. 5다 원칙은 혈을 만드는 데 있어서 대단히 중요하다.

---

61 4악은 전순이 빠진 경우이다. 전순이 1악을 의미하기 때문이다.

(①들었다 ②벌렸다 ③붙었다 ④돌았다 ⑤떨어졌다)

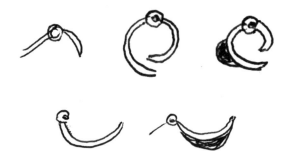

【〈그림 97〉 5다 원칙】

❖ 5다 원칙인 '① 들었다 ② 벌렸다 ③ 붙었다 ④ 돌았다 ⑤ 떨어졌다'의 끝말 5가지 '다'는 5악을 만드는 데 하나라도 빠져서는 혈이 생성되지 않는다. 그러므로 자연에서 5다 원칙을 살펴 지표면에 원칙이 있는지를 파악해야 된다. 그러하지 아니하면 혈은 공염불이다. 빠른 시간 내 혈을 보다 쉽게 찾아내는 능력이 5다 원칙이다.

28. 돌혈의 국

(1) 돌혈은 국에 대한 내용이 특별하나 득수국(得水局)이 많은 것으로 해석된다. 득수국은 전면·좌우·옆면 등 3면이 산이 아닌 계곡의 물로 좌산·우산·앞산을 대신하는 수위대지(水位代地)로 된 경우이다. 장풍국(藏風局)은 3면이 산으로 되어 있으며 바람의 영향을 받는다. 이에 대한 해석은 공감된다. 그러나 주변이 산과 물로 혼재되어 있는 경우에는 특별하

게 명명된 내용이 없다. 이 부분에 대해서는 한번 짚어 보아야 할 것이다. 3면 중 1면은 물로 2면은 산으로, 1면은 산으로 2면은 물로, 2면은 산이나 물로 되어 있으나 나머지는 없는 경우도 이름이 없다. 이때는 장풍의 풍과 득수의 수인 양자를 따서 풍수국(風水局)이라 표현해야 될 것이다. 이에 대한 별다른 명사는 많다고 볼 수는 있다. 그러나 득수국과 장풍국의 내용 분석에 따른 문구는 장풍의 '풍'과 득수의 '수'를 합쳐 '풍수국'이 가장 근접한 의미를 함축하고 있기 때문이다. 이에 따른 문제는 차후 다루기로 하고 문제 제기는 다시 거론할 기회가 있을 것으로 본다.

(2) 득수국과 장풍국은 여타 혈에서는 잘 이루어지지 않는다. 간혹 와겸유돌혈에서 같이 혼용하여 사용코자 하는 경우가 있지만 돌혈을 뺀 나머지 혈상에서는 사용하지 않는 것이 일반적이다. 혈의 여부를 따지는 것은 주변 사와 관계가 있지만 가장 큰 힘을 가진 것이 돌혈이기 때문에 이 혈은 득수국인 물만을 가진 경우에도 혈이 된다는 이유이다. 돌혈이 주변 사(砂)에 의한 장풍국이 된다면 올바른 혈이 되지 않을 가능성이 있다는 것이다. 따라서 다른 혈은 득수국이 되지 않는다는 말이다. 이는 설기를 동반해야만 된다는 뜻과도 유사하다. 그러므로 산 정상에 있는 돌혈은 자기의 힘으로 된 경우가 많다.

29. 경사지의 혈 생성

혈은 어떤 상태의 지표면에서 만들어질까? 이에 대한 궁금증을 풀기 위해서는 혈의 생성 원리를 알아야 한다. 혈이 골짜기나 산 능선의 측면이나 급경사지에서 생기는 경우는 거의 없다. 그것은 완만한 능선이다. 사람이 산행을 하다가 쉴 만한 곳, 앉을 만한 곳이 자리가 되어 휴식을 취한다. 그곳이 바로 자리이다. 위와 같은 자리의 공통점은 한쪽으로 방향을 튼 'j'자가 되어야 한다는 것이다. 그렇게 된다면 혈은 생성된다. 따라서 지금은 생성되기 전의 혈의 전 단계의 지면이다.

경사지와 경사지가 아닌 곳을 대상으로 연구한바 다음과 같다. 와혈과 겸혈은 경사지가 멈춘 상태가 되어야 혈이 된다. 뒤가 낮거나 평탄한 곳에서는 혈이 되지 않는다. 유혈과 돌혈은 올라간 상태의 봉우리에서 혈이 된다. 이때는 입수가 낮고 혈이 봉우리가 되며 전순이 낮은 곳에 위치한다. 높낮이에 대한 이해만 잘해도 쉽게 혈을 찾을 수 있는 방법이다. 경사지에서의 멈춤은 와

(통합, 와혈과 겸혈, 유혈, 돌혈, ①입수 ②혈 ③전순)

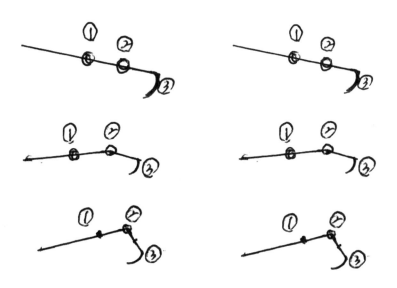

【 〈그림 98〉 와겸과 유혈, 돌혈의 경사지 비교 】

혈과 겸혈이며 최정상의 평탄면에서는 유혈과 돌혈이 생성된다[62]. 이는 산의 흐름을 이해하는 측면에서 보면 쉽게 찾아낼 수 있게 된다. 유혈은 올라가는 산과 내려가는 산이 돌혈에 비해 완만한 곳의 정상에 쉽게 혈로 생성되며 돌혈은 유혈에 비해 급경사지의 봉우리에서 생성된다. 이에 대한 내용은 〈그림 98〉과 같다.

30. 수위대지의 진실

수위대지(水位代地)는 물을 산으로 대신하는 원리이다. 산이 있어야 제대로 된 사(砂)격이지만 혈은 이러한 사가 있는 경우, 없는 경우, 일부만 있는 경우로 한마디로 대중없다. 바른 사가 있으면 좋으련만 없는 경우에는 사를 대신하는 것이 대지이다. 그 대지는 물이다. 청룡이 없으면 물로 이를 대신하는 것이, 백호가 없으면 물로 이를 대신하는 것, 주작 현무도 이러한 내용과 같은 이치로서 상호 간 같다는 원리이다. 그런데 문제는 4신사에 관한 언급이다. 혈이나 용이나 좌향에서는 물로 대신할 수 있는 것이 없다. 4신사는 장풍을 관장하는 의미로 그 규모가 크다. 이러한 4신사는 물로 대신한다는 수위대지의 의미와 상통한다고 본다.

그런데 대신하는 궁극적인 목적은 혈이다. 혈은 4신사를 물로 대신한다고 하지만 끼치는 영향은 미궁이다. 혈에 대해 어떻게 어떠한 영향을 끼친다는 것인지에 대한 내용은 너무나 비약이다. 4신사는 혈과의 거리상 상관관계만 봐도 어이가 없다. 거리가 100m, 멀게는 1㎞ 정도가 되는 경우도 있다. 경상북도 구미의 박정희 전 대통령의 생가와 선대 묘지는 천생산의 영향이라 하

---

62   이재영·허영훈, 「한국지형에서의 풍수 혈 사상 분석」, 한국학연구원, 2019, pp.179-180.

241

는데 그 거리가 10㎞가 넘는다. 어떻게 해서 거리가 그렇게 먼 곳에서 생가나 묘지에 영향을 끼친단 말인가. 너무나 어이가 없는 말이다. 그래도 이 말이 통한다. 그리고 앞으로도 일부 통할 것이다. 이래서 풍수는 미신이라 했던 것이 아닌지, 참으로 궁금하다.

따라서 수위대지는 4신사를 의미한다면 쓸데없는 거짓말이다. 차라리 혈에 어떠한 영향을 끼친다고 했다면 이해나 가능할 것인즉, 잘못된 내용이라 안타까운 마음이 앞서 진지하게 말하는 것이다. 이렇듯 수위대지는 사용하지 말아야 하는 용어로서 계속 사용되어서는 안 될 것이다.

31. 형국론의 한계

형국은 산을 동물이나 식물 혹은 글자 등의 지형지물을 그림화하여 읽어 보는 방법이다. 소 형국은 여물통 혹은 젖을 혈자리로 하는 방법론상의 이론이다. 이는 6악의 개념과는 엄청난 괴리가 있다. 와우형에는 밥그릇인 여물통이나 젖을 형상화해서 표현하는 형국풍수로서의 한계점이다. 지표면을 보고 6악에 의한 판단을 하는 형기론과는 비교가 되지 않는다. 일부 풍수연구자는 이러한 형국론이 풍수의 전체인 양 떠들어 대지만 허구에 지나지 않는다. 6악에 의한 혈의 연구만이 혈을 찾는 데 지름길이다. 간혹 지금도 형국론을 주장하고 있는 자들은 형국의 모양을 강조하곤 하지만 아주 문제가 많고 크다. 이에 대해 풍수인들은 자연 속에서 혈을 찾는다면 혈증 위주로 지표면을 읽어 내야만 하는 지혜를 찾아야 한다. 이것이 풍수이며 형국은 하나의 장난에 지나지 않으므로 형국론은 없어져야 될 이론이다.

32. 관곽의 진실

사람이 죽으면 관에다 모신다. 요즈음 비교해서 보면 관은 말하는 그대로 죽은 사람의 집이다. 죽은 사람에게 관은 필요할까? 죽은 자는 땅속에 들어간다. 땅속에 나무로 된 관을 넣으면 그 나무는 어느 세월이 지나면 썩는다. 나무가 썩으면 공극이 생겨 땅속은 허공이 된다. 무덤 속이 허공이 된다면 시간의 흐름 속에 땅은 꺼진다. 땅이 꺼지면 봉분 속으로 물이 들어간다. 물이 들어가면 혈자리라 한들 소용이 없다. 조선시대에는 하나를 더한 관곽(棺槨)을 썼다[63]. 관은 내관(內棺)이고, 곽은 외곽(外槨)으로 나무로 된 상자가 2개이다. 이때에 관곽이 흙무덤 속에 들어가면 그 부피가 2배로 된다. 나무가 썩은 뒤에 봉분은 꺼지게 마련이다. 그 피해가 큼은 당연지사다. 이러한 피해가 사라져 지금은 관만 쓴다. 즉, 관곽에서 관으로 바뀐 것이 요즈음의 세대이다. 그러나 아직도 화장이 아닌 매장에서는 관을 사용하고 있는데, 앞에서 언급한 바와 같이 그러한 피해가 있다. 혈 관산을 하다 보면 봉분이 밑으로 처져 있는 경우를 종종 본다. 이러한 피해는 막아야 한다. 이에 따라 이동 중에는 관을 사용하더라도 광중에는 그러한 피해를 방지코자 나무를 봉분 속에 넣는 것을 지양했으면 한다. 이에 대한 해결책이 몰관이다. 몰관은 시신만 넣는 방법이다. 몰관으로 처리를 해도 봉분의 무너짐이 예상된다. 그래서 횡대를 사용하곤 했다. 그러므로 봉분의 꺼짐 등의 피해를 예방하는 차원에서도 관의 사용은 지양되어야 할 것으로 개선함이 좋다.

---

[63] 조선시대 세종대왕은 몸이 허약해 질병의 종합병원이라 했다. 몸져누워 위독하면 관곽을 준비했다. 이상곤, 『왕의 한의학』, 사이언스 북스, 2014. p.28.

33. 무해무득일까, 아닐까?

무해무덕(無害無得)은 있을까? 없다. 그럼 반대말인 유해유덕(有害有德)은 있을까? 없다. 풍수 혈이 있어야 하지 않을까? 있다면 무해무덕일까, 유해유덕일까? 혈이 된다는 가정하에 가장 적절한 답은 유덕이다. 혈이 되지 않는다면 무덕이며 해가 있는 것이다. 혈의 정의는 바로 위와 같은 의미가 된다. 즉, 무해무덕한 자리는 없다. 혈이 되면 유덕하고 무해한 것이며 혈이 되지 않으면 무덕하고 유해한 것이다. 사람을 매장할 때 혈이 아닌 곳에 장사하면 무해무덕이 아니라 유해무덕하며, 혈이 되는 곳에 장사하면 무해유덕한 것이다.

따라서 무해무덕한 땅은 없고 잘못 와전되어 지금까지 사용되고 있는 것이다. 이러한 것은 아주 잘못된 풍수용어로서 사용해서는 안 된다. 풍력이 오래된 풍수인일수록 이만하면 무해무덕 지는 된다고 하면서 설명이 이어지지만, 아주 잘못된 용어이므로 (올바른 해석으로) 사용하지 말아야 된다.

34. 집묘는 해야 하나?

편리함을 핑계로 여러 기의 조상 묘지를 한곳으로 모으는 것이 현실이 됐다. 이래도 되는 것인지 한심한 생각이 든다. 집묘(集墓)는 편리함을 핑계로 적당하게 하는 마음으로 둔갑한다. 참으로 어이없는 인간들의 발달된 현대적인 발상이 그 집안을 멍들게 한다. 집묘를 한 대상들은 세월호의 당사자인 유병언이 대표적이다. 유병언은 경상북도 의성군 안평면의 물가에 20여 기의 조상들의 묘들을 집묘했다. stx 강덕수 전 회장, 이회창 전 국무총리, 조국 전 법무부장관, 기타 집묘를 한 문중 등이 집묘의 대표 주자들이다. 강덕수 회장은 사원부터 시작하여 승승장구해 회장에 올랐다가 망한 것으로 보인다. 이회창 국무총리는 대선후보 등에 올랐지만 성공도 없이 내려왔다. 조국 전 장관은 요즈음 홍보 기관에서 본 바와 같다. 유병언은 말할 것도 없다. 이러한 집묘는 왜 그럴까? 답은 아주 단순하다. 성공의 기회가 있었다면 선조들의 덕분으로 생각하는 것이 혈이다. 이는 조상의 무덤이 길했다는 것이다. 그 좋았던 자리를 한곳으로 모았다면 어떻게 될까? 확실하면서도 빤한 논리가 증명된다. 좋은 자리에서 좋지 못한 자리의 이동으로 인해 다른 피해를 받아 그렇게 된 것이다. 이는 혈의 영향이 아니랄 수가 없다.

그렇다면 집묘는 해도 될까? 하지 말아야 한다. ① 공용·공공용 등 부득이한 경우에 이장하고자 하는 경우는 혈증인 5악을 찾아 이장해야 한다. 그러하지 아니하면 누구든 그러한 피해를 받는 것이 풍수계의 현실이다. 특히 저자는 더더욱 그렇다고 본다. 풍수지리학 박사까지 연구한 것이 무능해서 그럴까? 아니다. 풍수는 진실의 진리이다. ② 좋은 곳이 없으면 이장하지 말고 그대로 둔 채 일정하게 혼백만 옮기면 된다. ③ 길한 곳이 없어 화장만 하고 정리한다면 문제가 있다. 화장 자체가 내리막으로 가는 지름길이기 때문이다. 좋은 곳에서 화장으로의 장사는 엄청난 변화이다. 좋은 발복에서 끝난 것의 결과는 보지 않아도 빤한 것이다. 그러므로 혈이 없다면 그대로 두어야 한다.

이처럼 조상의 묘지는 그대로 보존하는 것이 상책이다. 편리함을 핑계로, 벌초하기 힘들다고 하는 것으로 생각해서는 그 피해 정도가 항상 뒤따른다고 보이므로 집묘는 지양해야 하며 그 어떤 핑계로도 하지 말아야 된다. 한다면 문제가 따른다.

35. 매장과 화장의 승자는?

(1) 매장과 화장의 차이점

매장은 사람이 운명하면 땅속에다 묻는 것을 의미한다. 화장은 글자대로 화로에 시신을 넣어 구운 다음에 매장을 하든지 혹은 여러 방법으로 장사를 지내는 것을 말한다. 이를 두고 장법에서 장점을 찾아보면 이해가 된다. 매장은 혈증인 6악에다 하는 방법과 6악이 아닌 4신사 등 다른 방법에 의거, 매장을 하는 것으로 구분해 볼 수가 있다. 6악에 의한 혈자리에 장사를 지내는 경우에는 별다른 피해의식 없이 길한 작용을 한다.[64] 이에 비해 혈이 아닌 곳에서의 매장은 많은 피해를 받곤 했다. 따라서 본 란에서의 논리는 혈증인 6악에서의 매장을 원칙으로 논할 것이다. 혈 속에의 매장은 길한 작용을 하는 반면에, 화장은 시신을 불에 태우고 난 후의 매장으로 풍수상 의미는 없다. 이에 대해 비교컨대 땅이 존재하는 곳, 즉 혈에 매장하면 길한 작용을 받는 것에 비해, 화장은 이러한 것이 없다.

이렇다면 어느 것이 유리할까? 답은 분명하면서도 자명한 매장이다. 이는 풍수인들의 마지막 희망이자, 보루이다. 이에 대해 '화장은 무해무덕하니 앞으로 화장이 대세다.'라고 주장하는 사람들이 있다면 문제이다. 특히 풍수를 한다고 하는 작자들이 주장한다면 더더욱 큰 문제이다. 인간의 유체는 후손에게 뼈로 연결된다. 뼈는 시원적이다. 조상의 뼈가 없다면, 없었다면 후손에게의 연결성은 없는가, 있는가.

여기에 본 답이 있는 것이다. 죽은 자의 유골은 함부로 없앨 수가 없다. 이가 조상에 대한 후손의 가르침이다. 조상의 유골을 함부로 다룰 수가 있는가에 대한 대답이다.

64　이 부분에 대한 연구는 풍수학술인들의 여러 견해가 있다.

따라서 혈이 있다면 매장을 해야 된다. 이는 필연이다.

(2) 화장은 가리키는 선생이 문제

화장은 앞에서도 언급하였지만 2번 죽는 결과이다. 풍수를 연구하는 사람이나 배우는 사람에게 있어서 화장은 아주 나쁜 논리이다. 풍수를 모르는 사람이 화장을 하면 그럴듯하게 좋은 것처럼 무해무득하니 화장이 필연이라 할 수 있지만 그것은 아주 몰상식한 논리이다. 이 일을 해야 돈을 번다는 생각이 있거나 그러하지 아니하면 무지의 탄생이다. 화장은 원천적인 원료의 유실이며 기회가 끝나는 것이다. 풍수를 배워 좋은 곳으로의 이장이 원길이지, 화장이 어떻게 대길이겠는가? 그에 대한 부분이 아주 잘못됐다. 화장은 그야말로 끝이다. 그것도 길하면 좋지만 흉이기 때문에 생각을 해야 된다. 물자리에 있더라도 화장은 그에 대한 나쁜 발복이 가기 때문이다. 따라서 화장은 하면 피해가 있으므로 하지 말아야 한다. 풍수를 배우면 화장이 아니라 좋은 길지에 모시는 것이 최고·최선의 방법임을 알게 된다. 화장은 차선도 아니고 차차선도 아닌 백해무익(百害無益)이다.

【 〈표 7〉 매장과 화장의 차이 】

구분	매장	화장	비고
방법	땅속	여러 방법	
기간	장기	단기	
영향	후손	조상 유골 버림	무해무덕이 아닌 손해
기간	계속	한번	
관리	복잡	단순	
관리자	필요	불필요	
지속 관계	연속	단절	
길한 작용	유	무	
유체	뼈	무	
장점	유	무	
활용	조상의 뼈	화장으로 활용 무	
보완	이장 가능	이장 불가	화장은 완전 차단
기념	유	무	
시간 지체	유리	불리	
상호 비교	길	흉	

36. 4상의 4악과 5악 6악은 한 몸으로 같은 덩어리이다

풍수 고전에서 주장된 4상과 현재 주장하는 5악은 딴 몸이 아니다. 특히 보다 발전된 6악은 4상을 바탕으로 세련된 논리로 풍수 혈적으로 같은 몸이다. 고전이나 현대의 서책을 보면 혈 4상의 4악 그림과 6악을 분리하고 있으나 이는 잘못된 논리이며 혈을 이해하지 못한 처사이다. 혈 4상은 거시적인 개념으로 혈을 4가지로 구분한 것에 지나지 않으며, 이를 보다 세부적인 방법의 입수, 전순, 선익과 혈 그리고 입혈맥으로 구분됐다. 이는 6악에 의한 혈증으로 각각 혈 4상을 현장 확인하여 그림으로 나타내어야 하는 것이 현재나 미래의 풍수 혈 공부이다. 이를 구분하여 그려진 풍수 책은 없어져야 한다.

37. 혈상의 순위 분석

(1) 입혈맥의 존재

① 와겸유돌 모두 입혈맥은 존재한다. 입혈맥이 있어야 물이 갈라지고, 양분되고, 얻어지며 구분된다. 이 맥이 없으면 이러한 역할이 없다. 역할이 없으면 혈이 성립될 수 없다. 그러므로 입혈맥의 존재는 대단히 중요하다. 지금까지 입혈맥 1악에 대한 의미가 없었다. 따라서 이를 1악으로 간주하여 6악이라 표현한 것이다. 이처럼 1악인 입혈맥은 대단한 역할을 한다. 따라서 앞으로는 6악에 의한 4상이 되어야 할 것이다.

(2) 혈의 설기

① 와혈은 설기가 없다. ② 겸혈·유혈·돌혈은 설기가 있다. 있어야 혈이 될 것이다.

(3) 혈의 여기

① 와혈은 여기가 없다. ② 겸혈·유혈·돌혈은 여기가 있다. 있어야 혈이
된다.

(4) 분합

① 와혈은 분합이 된다. ② 겸혈·유혈·돌혈은 상분은 되나 하합이 되지 않
는다. 되지 않아야 혈이 된다.

(5) 물길 수

나가는 물길은 하나의 물길이 좋고 가장 적당하다. 나가는 물길이 많으면
혈에서 설기되는 힘이 커서 혈을 지키는 데는 힘이 부친다. 그렇게 되면 혈이
깨어져 망가지며 혈이 되지 않는다. 그러므로 물의 물러남은 1길이 가장 좋
다. 하물며 비교상의 이해는 차이가 있지만 아궁이의 구들장에도 나가는 것
은 一煙으로 마지막 나가는 구멍의 연기는 하나로 나간다. 그러므로 ① 와혈
은 전순 안에서 나가는 물길이 하나이다. ② 겸혈은 전순 안에서 나가는 물길
이 2개이다. ③ 유혈은 혈장 전체에서 나가는 물길이 3개이다. ④ 돌혈은 물
길 수가 가장 많은데 모두 7개로 나간다. 이러한 물길 수는 혈상에 따른 물길
이므로 자연 그대로 살려서 장사해야만 된다.

(6) 兩得兩波

① 와혈은 입혈맥 좌측과 우측의 물로 兩得이며 一波水이다. ② 겸혈은 입혈
맥의 좌우측 물로 양득이며 전순 안에서 2군데로 갈라져 나가는 兩得兩波水이
다. ③ 유혈은 3군데서 얻어지는 물로 3득이며 나가는 물 또한 3군데로 빠져

三得이며 三波水⁶⁵⁾이다. ④ 돌혈은 7군데서 물이 얻어지는 7득이며 나가는 물
또한 7군데로 빠지는 七得七波水이다.

(7) 전순의 생성 원리

① 와혈의 전순은 타인인 선익으로 연결되므로 타의의 몸체로 전순이 생성
된다. ② 겸혈·유혈·돌혈은 자기 스스로의 몸체로 입수·혈·전순으로 연결되
어 이루어진다.

(8) 혈의 형태

① 혈의 모양이 원·방·각인지 여부를 확인해야 한다. ② 와혈은 원의 형태
이며, 겸혈은 직겸이 있는 것으로 방형의 형태이며, 유혈은 장유가 있는 것으
로 역시 방형이다. 돌혈은 대돌이 있는 것으로 원과 방의 2가지 형태로 되어
있다.

(9) 측면도 상의 흐름

① 경사와 평면의 흐름을 확인하고 읽어 내야 한다. 와혈과 겸혈은 내려가
는 경사지의 멈춘 곳에서 혈이 생성되며, 유혈과 돌혈은 돌출된 곳에서 혈이
생성된다. 다만 이 둘의 분석은 현침의 유무이다. 현침사가 4개 있으면 돌혈,
없으면 유혈이다. 유혈에는 선익이 없으며, 돌혈에는 요성이 파조와 타탕으
로 구분된다.

---

65   최원석, 『산천독법』, 한길사, 2015, p.319. 삼파수는 속산리산을 설명하면서 한강·낙동강·금강을
     삼태극으로 지칭했다.

(10) 전순의 연결성

입수-입혈맥-혈-전순은 연결성의 이해이다. 혈 4상이 공통적으로 모두 같다. 다만 와혈은 혈에서 전순까지의 연결성이 없다. 앞에서도 언급이 되었듯이 와혈은 선익을 통한 전순의 생성으로 이 점이 겸·유·돌혈과의 차이점이다. 이는 앞의 설명 1·2·3·4·5·6·7과도 관계가 성립된다. 이에 따라 길흉의 정도는 혈에서 모든 행위가 끝남이 있어야 길하다. 이러한 논리의 선봉장은 와혈이다.

【 〈표 8〉 혈 4상의 순위 분석 】

구분/元吉	와혈	겸혈	유혈	돌혈
입혈맥/되는 것	된다	된다	된다	된다
설기/없는 것	없다	있다	있다	있다
여기/없는 것	없다	있다	있다	있다
상분하합/되는 것	분합	상분	불가	불가
물길 수/하나가 좋은 것	1개	2개	3개	7개
양득양파/양득1파가 좋은 것	양득1파	양득양파	3득3파	7득7파
전순의 생성 원리/타인이 만들어 준 것	선익	혈	혈	혈
혈의 형태/원·방·각 유무	원	방	방	원·방
측면도/경사(안착)·평면(불안-峰)	경사	경사	평면	평면
입수-입혈맥-혈-전순 연결성/혈에서 끝나야 길	부	여	여	여

혈의 순위는 ①와혈 ②겸혈 ③유혈 ④돌혈이다/구분에 의한 분석이다.

38. 역장의 오해

일반인들이 역장을 싫어한다. 산이 높은 곳에 조상의 최고 어른을 모셨으면 하는 바람이 있다. 높으면 조상의 최고 어른이 묻혀 있는 것을 당연시했다.

이는 예를 표하듯 한 것에서 이루어져 우리 대부분의 사람들은 그렇게 이해를 한다. 그러나 조상을 모시고 나서 혈이 발견되었다면 어떻게 해야 하는지에 대한 답이다. 이에 대해서 필자의 생각은 단호하다. 혈의 자리가 조상의 위(상부)가 되더라도 장사를 하는 것이 좋다는 지론이다. 혈을 버린다는 것은 풍수를 하는 전공자의 입장에서는 이해가 되지 않는 생각이다. 또한 율곡이나 퇴계 선생 등의 조상 장사는 우리가 쉽게 말하는 역장이다. 이 역시 현명한 방법이다. 따라서 죽은 자에 대한 조상의 순서보다는 혈의 의미를 중시하는 것이 풍수인의 한 사람으로서 자명하다고 보는 것이다.

39. 황골이 명당일까?

황골만 나온다면 풍수인의 생각은 명당이라고 한다. 그러나 아닌 경우도 황골은 있다. 방맥이나 토질이 황마사토인 경우에는 그 색깔에 따라 황골이 된다. 이럴 때 황골이라 하여 그곳에 매장을 하면 문제가 없을까? 문제가 따른다. 6악이 있는 곳에 매장을 하여 황골이 나오는 곳과는 비교된다. 오해가 있어서는 곤란하다. 그러므로 황골에 너무 매달려서는 곤란하다.

40. 여기의 진실

혈 4상에서 여기는 각각 다르게 나타난다. 와혈은 여기가 나타나지 않는다. 없는 것이 올바른 것이다. 혈에서 완전히 마무리되기 때문에 여기가 존재하지 않는다. 이에 비해 겸혈은 혈에서 전순인 낙조로 여기가 나간다. 나간 전순이 여기이며 낙조사이다. 따라서 겸혈에서는 여기가 존재해야 한다. 존재해야만 올바른 혈이라고 할 수 있다. 유혈은 겸혈과 같다. 입수에서 혈로 혈에서 전순으로 연결된다. 혈에서 연결된 전순은 여기로 생성된다. 그러므로 전순이 여기로 만들어진 것이다. 돌혈은 겸혈이나 유혈과 같다. 입수를 지나 혈이 만들어지면서 그 나머지의 힘이 전순을 만들기 때문이다. 풍수에서 '전순은 여기로 만들어진다'라고 하는 말은 오해다. 풍수 오판을 계속적·반복적으로 사용하는 것이 되므로 엄청난 풍수 오판을 하고 있는 것이다. 전순이 무조건 여기라고 하는 것은 문제가 따른다. 그러므로 혈의 여기는 혈상에 따라 달라짐을 이해해야만 한다.

41. 분합인 하합의 원리

물은 혈상의 上에서는 갈라 주고 下에서는 합해진다. 이것이 분합이고 상분하합이다. 그러나 상분은 문제될 것이 없다. 分水脊上[66]이 물을 갈라 주기 때문이다. 분수척상은 입혈맥으로 이해하면 쉽고 빠르다. 이가 상분의 원리이다. 상분에서는 입혈맥으로 물이 갈라진다. 이는 혈 4상의 공통 사항이다. 이에 비해 하합은 혈상마다 다르게 형성된다. 와혈은 하합의 모범이다. 하합이 되어야만 올바른 혈이 된다. 겸혈은 물길이 2군데로 갈라져 나간다. 올바르지 못한 하합이나 이래야만 혈이 된다. 유혈은 3군데로 나간다. 돌혈은 7군데로 나간다. 이는 하합이 되지 않음을 나타낸다. 이러한 점이 풍수 고전에서 주장하는 상분과 하합이 혈상에서 이루어져야 한다는 논리와는 상반된다.

---

66 분수척상의 이해는 산을 보는 방법의 하나이지만 가장 기본이 되는 요소이다. 풍수 고전에서 1촌만 높아도 산으로, 1촌만 낮으면 물로 보는 이치이다. 이를 보는 방법은 좌우의 측면으로 가면 보인다. 현장의 실습이 필요하다. 송재만, 『건강을 살리는 숯』, 문예마당, 2007, p.56.

42. 5색토의 진실

혈에서의 5색토는 이루어지지 않는다. 황색의 마사토가 있으면 황골이 된다. 수직으로 내려가는 토심은 토층마다 색깔의 차이가 있다. 이를 두고 5색토로 간주한다. 이는 잘못된 풍수 상식이다. 또한 천광의 깊이는 무조건적으로 깊게 파서는 되지 않는다. 혈상마다 심장을 해야 되는 곳이, 천장을 해야 되는 곳이 정해지는 깊이에 따른 결정이다. 이를 무시하고 임의로 5색토를 고집하기 위해 깊게 파는 경향이 있다. 이는 잘못된 풍수 상식이다. 심장은 전순을 기준으로, 천장은 선익을 기준으로 해야 되는 것이다. 이가 천장과 심장의 기준이다.

5색토는 중앙이 토이므로 그 색이 황색이다. 좌측에는 청이, 우측에는 백이, 전순에는 적이, 입수에는 백이 이루어진다는 논리가 5색이다. 이를 놓고 무조건적으로 5색토가 좋다는 논리는 억지이다. 혈은 중앙이 황색이기 때문에 황골이 나오는 것이다.

43. 쓸 만한 자리는 없다

(1) 풍수 현장에서 '이 정도 자리는 쓸 만하다.'라는 말은 아주 잘못됐다. 쓰면 쓰고 못쓰면 아니 써야 하는 것이 혈이다. 즉, 혈이 되면 장사하고, 혈증이 없으면 장사는 금물이다. 혈은 분명하다. 그런데 현장에서는 이만하면 쓸 수가 있다고 한다. 아주 잘못된 속된 말이다. 혈증을 안다면 이러한 말이 있을 수 있는가? 없다.

(2) '이 자리는 국회의원 나올 자리이다. 도지사가 나올 자리이다. 시장이

나올 자리이다. 군수가 나올 자리이다. 아니면 대통령이 나올 자리이다.' 등등 많은 말로 사람을 속이곤 한다. 이러한 자리가 있는가? 없다. 왜 이런 말이 잘못됐는가. 선거는 경쟁에 의해 이루어진다. 나의 상대가 어떤지에 대한 비교가 되어야 내가 이길지 질지를 판단케 된다. 그런데 혈자리를 놓고 판단해야지, 어떻게 이 자리가 대통령이 나올 수 있는 자리라든가, 아니면 도지사가 나올 만한 자리라고 하는지. 이에 대한 대답은 분명하다. 상호 비교해 보아야만 가능하다. 혈이 된다는 조건 아래에서는 비교가 가능하다.

첫 번째 분석은 선룡(旋龍)이다. 산의 돌아감이 입수에서 출발하여 전순까지의 입수맥을 보면 된다. 같은 조건이라면 우선은 좌선에 이기기 어렵지 않은가. 좌선이 우선에 앞서기 때문이다. 다음은 3성이다. 혈의 좌측에 귀성과 요성 관성이 있다면 상당히 귀중하게 봐야 한다. 우측과의 힘에 의한 비교가 된다. 그 다음은 입수와 전순과의 관계이다. 입수가 좋으면 진다. 전순은 표로 의식되기 때문이다. 전순은 타의에 의한 도움을 받는 우군이며 나를 도와주는 아군이다. 이에 비해 입수는 나만의 똑똑으로 오만과 교만이 넘쳐 화를 초래하기 쉽다. 그러므로 전순이 좋은 곳의 후손이 이길 수 있는 것이다. 이렇게 구분하면 이해가 된다. 따라서 이만한 자리나 국회의원이 될 것이리란 자리는 잘못됐다.

44. 5행의 진실

5행은 현실적으로 진실이 될까? 목은 좌측으로 판단되어 목성이라 칭해 자손의 계선을 의미하거나 남성을 뜻했다. 금은 우측으로 둥근 형태의 금성이 되어 여성 계열이나 돈으로 해석했고, 화는 불의 형태로 자신을 돕는 객으로 생각하거나 남의 도움을 받는 부로 나타내었으며, 북은 물로 지혜가 좋아 벼슬을 하는 것으로 판단됐다. 그러나 이러한 논리가 실제적으로 올바른 것인지에 대해서는 의문이다. 이에 대한 대답은 부족했다. 선생들의 말을 오직 그대로 배우거나 인용해서 사용하는 것이 무리인지, 그러하지 아니하면 틀린 것인지에 대한 의문은 항상 존재했다. 이에 대한 필자의 생각은 아직도 오리무중이다.

다만 몇몇 사례에서는 나타난다. 남안동 IC 부근의 아들 변호사 시험 합격(좌선룡), 최원병 할아버지의 자리(좌선룡), 경상북도 의성군 가음면 장리의 대구 구병원의 할아버지 자리(우선룡), 의성군 금성면에 위치한 인도 대사의 형제들(좌선룡), 박근혜 대통령의 조부모(우선룡), 최형우 (전)내무장관의 조부모 묘지(좌선룡), 이상배 서울시장의 증조모의 묘지(좌선룡), 성산 IC 강장군 묘지(좌선룡, 후손 영의정), 김계원 비서실장 조상 묘지(좌선룡), 퇴계의 판의금부사 5대 할머니(좌선룡), 경상북도 의성군 춘산면 면사무소 주변의 군의원 판사 딸(우선룡-결혼 전 사법시험 합격) 등은 5행의 해석과 일치한다. 나머지에 대해서는 의문이다. 앞으로 이 부분에 대한 평가는 'ing'의 계속적인 진행이 필요하다.

45. 사택론(양택) 오해

사택론은 동사와 서사로 나누어지는데 8방위를 기준으로 각각 4방위로 나누어 구분된다. 각 방위별로 문, 주, 조를 선택하기 때문에 맥선이어야 하는데 맥선이 아닌 경우도 있기 때문에 그것이 문제된다. 그 이유는 배산의 맥선과 역수 대문과의 관계이다. 맥선에는 안방이 있어야 하며 그 안방은 측으로 갈 수가 없다. 좌우측으로의 편중은 힘을 받기가 곤란하다. 잠을 자는 시간대에는 가장 좋은 곳이 되어야 하는데 측면으로의 치우침은 좋지 아니한 측선의 피해가 우려되기 때문이다. 따라서 문주조 중 주인 안방은 이유 없이 맥선에 치우쳐 있어야 하기 때문에 동사나 서사의 좌우로의 치우침은 양택 풍수상 좋지 않다. 사택은 산의 자연향[67]에 따라 구분되지만 양택에서는 상당한 이론으로 분석되어 사용하는 경우가 있으나 위와 같은 불합리한 점이 지적되므로 사용을 하여서는 곤란하다. 이를 무시하고 사용한다면 잠을 자는 시간에는 그 피해가 따라가는 경우가 있으니 주의하여야 할 것이다.

---

67 자연향은 배산의 의미가 들어가야 한다. 상대향은 전후좌우의 개념이다. 내가 자세를 돌리면 전후좌우가 변경된다. 그러므로 상대향은 지향하는 곳에 따라 달라진다. 절대향은 동서남북의 절대적인 향이다. 남향하는 경우가 절대향이 된다.

참고 문헌

- 고전류
- 『청오경』
- 『금낭경』
- 『감룡경』
- 『설심부변화정해』
- 『심신주 지학』
- 『정교지리인자수지』
- 『옥수진경』
- 송 고탁장노 저, 남창 만수화 편, 청호선사 역, 『입지안 전서』, 청운문화사, 2003 역.
- 원수정, 『지리담자록』, 진장고체중신편정, 청.
- 채성우, 김두규 역, 『명산론』, 2002.
- 고무 섭구승, 『지리육경주』, 화성서국, 중화민국 96년.

서책류

- 김원길, 『풍수지리강론』, 강의용.
- 김원대, 『풍수의 도』, 중외출판사, 2003.
- 김종철, 『명당요결』, 꿈이 있는 집, 1991.
- 권오준, 『지리요강』, 흑암풍수지리학원, 1994.
- 문인곤, 『풍수지리학 원론』, 리북스, 2013.

- 박봉주, 『한국풍수이론의 정립』, 관음출판사, 2002.
- 박시익, 『풍수지리와 건축』, 경향신문사, 1997.
- 손정고, 『명당비전, 풍수지리해설집』, 신지서원, 2002.
- 송재만, 『건강을 살리는 숲』, 문예마당, 2007.
- 우영재, 『지기를 해부하다-대권과 풍수-』, 관음출판사, 2002.
- 이상곤, 『왕의 한의학』, 사이언스 북스, 2014.
- 이익중, 『길한 터 흉한 터』, 동학사, 1994.
- _____, 『한국의 특성에 맞는 터와 명당』, 우성출판사, 1998.
- 이준기, 『천풍지수』, 준프로세스, 2004.
- 이준기 · 김강동, 『지리진보』, 계축문화사, 1978.
- 이희인, 『세상은 묘지 위에 있다』, 바다출판사, 1919.
- 유재백, 『풍수지리학 이론』, 일원풍수지리연구소.
- 윤재일, 『해인풍수총론』, 강의용, 2011.
- 조중근 · 조태근, 『풍수지리』, 가교, 2001.
- 장삼식, 『한한 대사전』, 교육도서, 1993.
- 장용득, 『명당론』, 출판사 미상, 1980.
- 정경연, 『정통풍수지리』, 평단, 2003.
- 정완수, 『자연풍수입문』, 대유학당, 2018, p.226.
- 정용빈, 『풍수지리학과 사주만상궁합법』, 송국문화사, 2003.
- 촌산지순 저, 최길성 역, 『조선의 풍수』, 민음사, 1990.
- 최원석, 『산천독법』, 한길사, 2015, p.319.
- E.F. 슈마허, 이상호 옮김, 『작은 것이 아름답다』, 문예출판사, 2004.

논문

• 이재영·허영훈, 「한국지형에서의 풍수 혈 사상 분석」, 한국학연구원, 2019.

표 목차

그림 목차

발아래 글

긴 시간이 지나갔다. 그렇지만 역시 혈은 쉽게 해석되는 것은 아니다. 명사인 '풍수' 용어를 멀리 버리고 폐기코자 하였으나 잘 되지 않는 것이 현실이고 사실이다. '풍수 관산 가자'라면 쉽고 이해하고 힘들지 않은 말이 되지만, 혈 관산 가자, 혹은 정혈 관산 가자면 이해도 하지 못해 무엇을 말하는지 모르는 경우가 허다하다. 이에 대해 풍수란 주제를 바꾸고자 많은 노력을 하였으나 역부족이라 생각되지만 앞으로 더 시간을 축적하면서 풍수에서 혈은, 혹은 정혈은 명칭 변경이 필요함을 여러 경로로 전달코자 했다.

시간이 허락하는 대로 혈에 대한 명칭 변경을 지속적으로 사용하여 혈증에 대한 이해와 저변 확대에 깊은 관심을 가지도록 한다는 신념이며 계획이다.

기회가 된다면 잘못된 해석에 대해서도 하나하나 개선코자 했다. 여러 가지의 내용이 많지만 명칭이 가장 우선이다.

그다음은 혈이 ① 藏風得水로 볼 것인가, 得水藏風으로 볼 것인가, 아닌가? ② 風水無全美가 맞는가, 風水全美가 맞는가? ③ 遠七近三이 맞는가, 遠三近七이 맞을까? ④ 入庭不入室이 맞는가, 入庭入室이 맞는가? 이에 대한 분석을 세밀히 하여 혈에 대한 개념이 정립되어야 할 것으로 본다.

또 다른 차선책은 적선과 적덕이다. 아무리 혈이 된다고 하더라도 선인과 덕인이 아니면 후손의 갈 길은 딱 한 군데로 가는 마이너스의 일행뿐이다. 인간은 공평하다. 선과 덕은 그 무엇과도 바꿀 수 없는 것이다. 최종적인 마지막 결론은 혈보다 더 필요한 것이 착한 마음과 덕을 쌓는 것이라는 점이다. 이 부분이 혈을 가르치는 마지막 단계의 최종적인 배움이다. 따라서 혈 공부의 연구는 미덕과 선을 갈망하는 지름길이다.

또한 가장 큰 보람은 작은 것을 선택하는 것이다. 일생 평생, 대성(大成), 큰 것, 최고, 큰 일, 대단한 것, 무한대, 강한 것, 원대한 꿈, 많은 것, 태산(대산), 대부자, 무거운 것, 최대한 좋은 것, 좀 더 높게, 좀 더 빠르게, 좀 더 강하게, 화려함, 높은 곳, 다량의 물품, 대품, 다양한 것, 큰 집, 대평수, 장군 묘지와 같은 큰 무덤, 화려한 무덤, 100평, 크고 복잡한 것, 거대한 물체, 거시적 유명인, 대인, 큰돈, 큰 박물관, 대품, 큰 인물, 대범한 자, 유명인, 큰 규모, 대인, V-vip vip의 특별인, 사장님, 대학자, 풍수인, 풍수사, 신안 도안, 풍수지리학 박사, 大, 패철론자, 이기론자, 集墓, 빠르게, 풍수무전미, 무한(無限), 간접, 유명배우, 총론, 풍수론, 간룡·정혈·장풍·득수·좌향 등을 통틀어 공부하는 모든 것을 버렸다. 그것은 대단한 것이 아니었다.

오늘 하루, 소성(小成), 작은 것, 최선, 작은 일, 대단하지 않은 것, 무한 소, 약한 것, 작은 꿈, 작은 것, 小山, 소 부자, 가벼운 것, 최소한의 좋은 것, 좀 더 낮게, 좀 더 느리게, 좀 더 여리게, 밋밋함, 낮은 곳, 소량의 물품, 소품, 작은 수량, 작은 집, 소평수, 작은 무덤, 소박한 묘지, 10평, 작고 단순한 것, 적은 물체, 미시적, 무명인, 소인, 작은 돈, 작은 박물관, 소품, 작은 인물, 소범한 자, 범인(凡人) 범부(凡夫), 일반인, 근로자, 작은 규모, 소인, 소학자, 혈인, 혈수사, 정혈학 박사, 小, 형기론자, 처음 그대로, 빠름 보다는 느림의 미학, 실용론자, 정혈전미, 유한(有限), 직접, 무명배우 중 주연배우, 각론, 혈론 등 한 과목만 연구하면서 지향해야 될 것을 이해했다. 이처럼 미시적인 무한의 소(小)를 지향하는 마음과 비움(무욕)을 배운 것이다. 이(小)는 희망인 것이며 작은 것이 아름답다. [68] 따라서 아무도 거들떠보지도 않는 조그마한 혈, 이 하나만 영원히 계속적으로 연구하고 공부할 것이다.

---

68   E.F. 슈마허, 이상호 옮김, 「작은 것이 아름답다」, 문예출판사, 2004, PP.21-383.